Münsterschwarzacher Kleinschriften

herausgegeben
von den Mönchen der Abtei Münsterschwarzach

Band 141

Klaus-Stefan Krieger

Was sagte Jesus wirklich?

Die Botschaft der Spruchquelle Q

Vier-Türme-Verlag

2. Auflage 2004

Umschlaggestaltung: Morian & Bayer-Eynck, Coesfeld
Umschlagmotiv: Morian & Bayer-Eynck, Coesfeld
Gesamtherstellung: Benedict Press, Münsterschwarzach
ISBN 3-87868-641-2
ISSN 0171-6360

Inhalt

Vorwort

»Was sagte Jesus wirklich?« Die Frage klingt akademisch, und sie benennt zunächst in der Tat die sachlich-nüchterne Suche nach dem, was war – damals vor fast 2000 Jahren. Die Frage kann aber sehr schnell Brisanz entwickeln, denn zumindest für Christen ist das, was Jesus getan, gesagt und gewollt hat, Maßstab ihres Handelns. Sie berufen und beziehen sich ja auf diesen Jesus, den sie als Christus und Sohn Gottes bekennen. Daher werden diejenigen Christen, denen es mit ihrem Christsein ernst ist, sich gerade in ihrer praktischen Lebensgestaltung an der Botschaft Jesu orientieren. Dazu müssen sie freilich wissen, was Jesu ureigenste Botschaft war.

Das vorliegende Buch nähert sich der Beantwortung dieser Frage über die sogenannte Logien- oder Spruchquelle, in der Worte Jesu überliefert wurden. Dabei kommen beide Aspekte der Frage »Was sagte Jesus wirklich?« zum Tragen. Wir werden zunächst die Sachverhalte benennen müssen, um die es geht: Was ist diese Logienquelle? Wie hat man sie entdeckt? Welchen Wert, welche Bedeutung besitzt sie? Danach werden wir ihre Inhalte entfalten und feststellen, daß uns hier eine Botschaft voller Kraft und von hohem ethischen

Anspruch begegnet. Wer sich ihr aussetzt, wird um eine persönliche Auseinandersetzung mit den von ihr angesprochenen Themen nicht herumkommen.

Meine nähere Beschäftigung mit der Logienquelle war zunächst eher akademischer Natur. Sie begann mit einem Artikel für die Katholische Nachrichten-Agentur, der über die wissenschaftliche Arbeit an der Logienquelle berichtete.[1]

Zwei Jahre später wurde mir die Redaktion eines Heftes der Zeitschrift »Bibel und Kirche« anvertraut, das überschrieben war »Die Logienquelle: Ein frühes Dokument über Jesus«.[2] Es löste bei einigen Kirchenzeitungen reges Interesse aus, und als erste bat mich die der Diözese Rottenburg-Stuttgart um eine Artikelserie, bei der einzelne Folgen mich verstärkt zu einer Auseinandersetzung mit Inhalten der Logienquelle anregten. Die vier Folgen dieser Serie[3] haben das Gerüst der jetzigen Buchfassung geliefert.

Schon die Vorgeschichte sagt es: Dieser Band steht – nicht nur vom Umfang her – als Zwerg auf den Schultern von Riesen. Die immense Arbeit ganzer Generationen von Wissenschaftlern, von der meine Ausführungen zehren, füllt Bibliotheken. Die Anmerkungen sind daher auch nicht als Belege gedacht – sie würden den Text um ein Vielfaches vermehren –, sondern sie wollen interessierten Leserinnen und Lesern Hinweise auf allgemeinverständliche Literatur geben, in der sie sich ausführlicher informieren können.

Profitiert haben all meine schriftstellerischen Versuche zur Logienquelle natürlich von den Kontakten und Gesprächen mit Prof. Dr. Paul Hoffmann (Bamberg), dessen Mitarbeiter ich von 1985 bis 1988 sein durfte, und dessen Mitarbeitern Privatdozent Dr. Christoph Heil (jetzt Frankfurt am Main) und Privatdozent Dr. Thomas Hieke (jetzt Regensburg).

Danken möchte ich auch Generalvikar Alois Albrecht (Bamberg), der als erster die Anregung äußerte, die Artikelserie in Buchform zu veröffentlichen. Der Vier-Türme-Verlag hat diese Idee nun Wirklichkeit werden lassen.

Widmen möchte ich dieses Büchlein meiner lieben Frau Susanne, ohne deren Unterstützung ich diesen Band nicht hätte vollenden können, unserem Sohn Philipp und unserer Tochter Pia, die just an dem Tag zur Welt kam, als ich die letzten Druckfahnen dieses Buches erhielt.

Bamberg, im August 2003

Klaus-Stefan Krieger

Einleitung

Wir wissen von Jesus nur aus zweiter Hand

Die westliche Gesellschaft Europas und Nordamerikas versteht sich allenfalls noch in einem kulturellen und geistesgeschichtlichen Sinn als christliches Abendland. Trotzdem ist der Gründer des Christentums, Jesus von Nazareth, nach wie vor eine Gestalt, die nicht wenige Menschen zur Auseinandersetzung reizt. Einerseits reibt man sich an der Raum und Zeit ebenso übergreifenden wie überschreitenden Bedeutung, die Jesus als Jesus Christus der Erlöser und Sohn Gottes im christlichen Glauben einnimmt. Andererseits faszinieren und provozieren Jesu Radikalität und Konsequenz, seine hohe Ethik und seine anspruchsvollen Forderungen – die nicht selten genüßlich in Stellung gebracht werden gegen die Kirchen, die sich auf diesen Jesus berufen. Gleichzeitig herrscht eine tiefe Verunsicherung darüber, wer dieser Jesus denn nun wirklich war.

Weder fair noch sachgerecht wäre es, als Ursache dieser Unsicherheit einfach mangelnden Glauben auszumachen. Der Rat, nur tapfer zu glauben, dann werde sich das Problem schon lösen, würde unter der Rahmenbedingung, wie nordamerikanische und europäische Menschen im 21. Jahrhundert sich selbst und die Welt verstehen, selbst dann nicht weiterhelfen, wenn all diese Menschen überzeugte Christen wären. Denn die Unsicherheit wurzelt letztlich in der Sache selbst, das heißt darin, wie Jesus sich verhalten hat und wie wir überhaupt Kunde von ihm erhalten haben.

Jesus von Nazareth selbst hat nichts aufgeschrieben. Er hat kein Buch verfaßt, in dem er seine Lehren hätte niederlegen können. Das ist nicht verwunderlich, denn Jesus verstand sich mit Sicherheit nicht als Religionsstifter. Erst die historische Entwicklung hat ihn zum Gründer des Christentums gemacht, das sich sowohl aktiv aus dem Judentum herauslöste als auch passiv aus diesem hinausgedrängt wurde. Jesus selbst lebte in der Überzeugung, daß das Reich Gottes zumindest in Ansätzen angebrochen sei. Er rechnete wohl kaum mit jener jahrhundertelangen Entwicklung, welche die von ihm ins Leben gerufene Bewegung als Kirche Christi durchlaufen würde. Daher bestand für Jesus keine Notwendigkeit, seine Botschaft schriftlich festzuhalten.

Diese Notwendigkeit ergab sich erst, als die Christen feststellten, daß der Fortgang der Zeit sie immer weiter von ihren Anfängen entfernte. Nun kam man nicht mehr umhin aufzuzeichnen, was jener, auf den man sich berief, getan und gesagt hatte. Die mündlichen Traditionen, die man über Jesus in seinem Namen weitergab, wurden zu Papier – oder genauer, Papier war ja noch nicht erfunden, zu Papyrus, dem von den Christen bevorzugten Beschreibmaterial – gebracht, damit sie nicht verlorengingen oder etwa verfälscht wurden. Letzteres war durchaus ein Problem, denn kaum daß sich christliche Gemeinden gebildet hatten, gab es auch schon Meinungsverschiedenheiten über den Glauben.

Die Evangelisten waren es, die sich 40 bis 50 Jahre nach Jesu Tod der Aufgabe unterzogen, das Wirken des Nazareners darzustellen. Dabei erzählten sie nicht nur von Jesu Taten, sondern gaben auch seine Lehre wieder. Allerdings ist manches, was sich als Zitat gibt, nicht authentisch. So sagt Jesus im 10. Kapitel des Markusevangeliums seinen Jüngern detailliert vorher:

»*Wir gehen jetzt nach Jerusalem hinauf; dort wird der Menschensohn* [mit diesem Begriff meint Jesus sich selbst, Anmerkung des Verfassers] *den Hohenpriestern und Schriftgelehrten ausgeliefert, sie werden ihn zum Tod verurteilen und den Heiden übergeben, sie werden ihn verspotten, anspukken, geißeln und töten, aber nach drei Tagen wird er auferstehen.*« (Mk 10,33–34)[4]

In dieser Genauigkeit kann der Evangelist Markus Jesu Ankündigung nur deshalb formulieren, weil er weiß, wie Jesu Leiden und Sterben sich zutrug. Man nennt eine solche Weissagung ein *vaticinium ex eventu*, eine Voraussage, die jemand abgibt, nachdem er den Ausgang der Ereignisse bereits kennt. Zugleich ist in der Vorhersage Jesu eine historisch falsche Sicht seines Prozesses zu beobachten. An der zitierten Stelle wird ausdrücklich behauptet, die Hohenpriester und Schriftgelehrten hätten Jesus zum Tod verurteilt. Aus historischen Quellen wissen wir, daß sie dazu gar nicht die Befugnis hatten. Todesurteile durfte nur der römische Statthalter von Judäa fällen, im Falle Jesu also Pontius Pilatus. Die Evangelisten versuchten in ihren Passionsdarstellungen freilich, die Verantwortlichkeit des Pilatus herunterzureden, um bei der römischen Staatsmacht mit ihren Werken nicht anzuecken. Hätten sie offen zugegeben, daß der römische Statthalter Jesus hinrichten ließ, weil er ihn für den Anführer einer Widerstandsbewegung hielt, hätten sie den christlichen Glauben – noch weiter – in den Geruch gebracht, eine aufrührerische, antirömische Religion zu sein. Das wollten sie vermeiden und schoben daher den einheimischen Autoritäten in Jerusalem eine aktivere Rolle zu, als diese tatsächlich im Prozeß gegen Jesus gespielt hatten.

Haben die Evangelisten demnach ihrer Hauptperson Jesus die Worte einfach in den Mund gelegt? Ganz so einfach liegt die Sache nicht. Die Evangelisten schrieben ihre Werke aus ihrem christlichen Glauben heraus. Ja, mehr noch: Sie schrieben ihre Werke nur und gerade deshalb, weil sie an Jesus als den Christus glaubten und weil sie diesen Glauben weitertragen wollten. Gleichzeitig schrieben sie aber über den Menschen Jesus von Nazareth, über eine Person der Geschichte also, zu deren Lebzeiten die völlig singuläre Bedeutung, die ihr nach Ostern zugeschrieben werden sollte, alles andere als ausgemacht war. Dennoch wollten sie ihrer Überzeugung, daß Jesus genau diese Bedeutung zukommt, natürlich Ausdruck verleihen. Deshalb überlagern sich in den Evangelien zwei Bilder: die Schilderung des Schicksals der historischen Person Jesus von Nazareth und die Darstellung des geglaubten Christus. Und beide Bilder sind so eng verwoben – eben zum Evangelium von Jesus Christus –, daß sie sich nicht so einfach voneinander abheben lassen.

Jahrhundertelang schien dies im Christentum auch keine Probleme zu bereiten. Im Mittelalter lebten die Europäer in einer Gesellschaft, die sich fraglos als christlich verstand. Zwar konnte man über theologische Fragen und über die praktische Gestaltung christlichen Lebens erbittert streiten, aber die Autorität der Bibel als Heiliger Schrift stellte man nicht in Frage. Zudem konnten breite Bevölkerungsschichten gar nicht lesen, schon gar nicht die Bibel, die nur als Übersetzung aus dem Hebräischen und Griechischen ins Lateinische verfügbar war. Das änderte sich erst, als – bereits vor Martin Luther – die ersten Bibelübersetzungen entstanden, und dann erst recht mit der Reformation. Den entscheidenden Einschnitt setzte aber erst die Aufklärung im 18. Jahrhundert. Sie stellte alle Tradition und Autorität in Frage und forderte, alle Denkgewohnheiten an der menschlichen Vernunft kritisch zu messen.

Die Suche nach der historischen Person Jesus von Nazareth

Der Ansatz der Aufklärung prägte auch den Umgang mit der Bibel.[5] Gelehrte begannen herauszuschälen, was in den Evangelien »vernünftig« ist (oder besser: was sie dafür hielten). Zum Beispiel versuchte man, die Wundererzählungen naturwissenschaftlich zu »erklären«. Die vom Tod Auferweckten waren dann »in Wirklichkeit« Scheintote, ein Jesus, der auf dem Wasser des Sees läuft, eine Halluzination der Jünger. Jesus wurde auf einen Weisheits- und Tugendlehrer reduziert. Nachhaltige Wirkung bis heute hatte die zutreffende Einsicht, daß man zwischen dem, was Jesus historisch gesagt und getan hat, und dem »Christusglauben der Apostel« unterscheiden müsse. Die vom Glauben der frühen Christen geformte Darstellung des Wirkens Jesu verstand man schließlich als Mythos, als »absichtslos dichtende Sage«. Der Jesus Christus des Neuen Testaments wurde ähnlich gesehen wie der Herkules der antiken Sagen. Diese Auffassung von den Evangelien vertreten auch heute noch manche Autoren, die uns Bücher über Jesus präsentieren.[6]

Als die Forscher dann erkannt hatten, daß das Markusevangelium das älteste der vier neutestamentlichen Evangelien ist[7], hoffte man, »hinter« den Mythos zurückgelangen und aus dem Markusevangelium das Leben des historischen Jesus von Nazareth rekonstruieren zu können. Der Aufriß des Markusevangeliums lieferte die Stationen der Biographie Jesu. Die »Entdeckung« der sogenannten Logienquelle voller Worte Jesu – mit der wir uns in diesem Buch ja ausführlich befassen werden – schien zudem eine Zusammenfassung der Lehre Jesu zu liefern. Während des wilhelminischen Kaiserreichs hatte diese sogenannte

»Leben-Jesu-Forschung« in der protestantischen Bibelwissenschaft Deutschlands ihre Blütezeit.

Albert Schweitzer, der später als Urwalddoktor weltberühmt wurde, zuvor aber bereits ein ausgezeichneter Theologe war, läutete das Ende dieser Periode ein. In seinem Buch »Geschichte der Leben-Jesu-Forschung«[8] zeigte er schonungslos auf, daß die Verfasser der Jesus-Biographien stets ihre eigene Weltsicht in Jesus hineininterpretierten. Der angeblich historische Jesus, den sie rekonstruierten, entsprach ihrem Ideal vom Menschen, seine Lehre ihren moralischen Einstellungen. Schweitzers Kritik könnten wir auch heute gegen viele Jesus-Bücher richten. In noch viel undifferenzierterer Weise wird da Jesus zum Esoteriker, Vegetarier oder ersten Feministen.[9] Und wenn Kirchenkritiker, Kommentatoren, Publizisten und Politiker der Kirche heute vorschreiben wollen, was sie gefälligst zu tun und zu lassen und zu sagen hätte, dann dient in allzu vielen Fällen Jesus nur als Vehikel der eigenen Vorurteile, Halbwahrheiten und Ideologien.

Über Schweitzers kritische Infragestellung hinaus konnte die Bibelwissenschaft aufweisen, daß man das Markusevangelium nicht einfachhin als Biographie Jesu lesen kann. Die Rahmenerzählung des Evangeliums stammt vom Evangelisten selbst; in ihr hat er viele einzelne Überlieferungen über Jesus einsortiert und ihnen nachträglich eine zeitliche und örtliche Abfolge gegeben. Außerdem prägt das Markusevangelium eine eigene Theologie: Die Überzeugung, daß Jesus der erwartete Messias ist, leitet die gesamte Darstellung.[10]

Damit brach das Vertrauen in die Möglichkeit, die Evangelien historisch auszuwerten, zunächst zusammen. Der berühmte evangelische Theologe Rudolf Bultmann (1884–1976), der bedeutende Beiträge zur Erforschung des Neuen Testaments geleistet hat, zog daraus eine radikale Konsequenz: Letztlich sei es völlig unerheblich, was wir von Jesus wissen. Entscheidend sei allein, daß Jesus gekommen, gekreuzigt und auferstanden sei und daß die Verkündigung von Jesus Christus jeden Menschen, den sie erreicht, zu einer grundlegenden, »existentiellen« Entscheidung für sein Leben veranlasse.

Aus den Reihen von Bultmanns eigenen Schülern kam bald Widerspruch: Die von den Jüngern nach Ostern verbreitete Botschaft vom gekreuzigten und aus dem Tod auferweckten Jesus Christus ist nicht denkbar, ohne einen Anknüpfungspunkt im Leben des »irdischen« Jesus. Zumal das Eigenartige des christlichen Glaubens ja dies ist, daß er sich auf eine historische Person beruft. Diese erneute Frage nach dem historischen Jesus nahm sich gerade der Lehre Jesu an. Die Wissenschaftler hofften, aus dem Neuen Testament Jesu *ipsissima vox*, seine ureigensten Worte herausarbeiten zu können, indem sie ein zweifaches Kriterium anwandten: Alles, was weder aus dem zeitgenössischen Judentum noch aus den Anliegen des Urchristentums erklärt werden könne, das sei mit Sicherheit Jesus zuzuschreiben.

Die Methode hat, wie sich erwies, ihre Tücken: Jesus kann so zu einer abgehobenen Gestalt werden, die den Kontakt zu ihrer Zeit und ihrer Welt verloren hat. Auch ist die Rekonstruktion stark davon abhängig, was Wissenschaftler jeweils für Judentum zur Zeit Jesu halten, und das sah zum Beispiel vor der Entdeckung und Erforschung der Qumran-Schriften ganz anders aus als danach. Zugleich besteht die Gefahr, daß unterschwellig »antisemitische« Vorurteile die Forschungsarbeit beeinflussen. Dabei könnte auch leicht Jesus zugeschrieben werden, was doch eher dem Interesse des Urchristentums entsprang.

Daher bemüht sich die Jesus-Forschung inzwischen verstärkt darum, Jesus im Kontext des Judentums seiner Zeit und darüber hinaus im Kontext der damaligen gesellschaftlichen und kulturellen Verhältnisse zu verstehen: Von dem, was die Evangelien von Jesus erzählen, darf man das, was zu diesem Umfeld paßt und was zugleich die Entstehung des Christentums in seinen konkreten Formen erklärt, getrost dem historischen Jesus zurechnen. Dieser Ansatz hat den sympathischen Vorteil, einen realistischen Jesus zeichnen zu können. Jesus muß nicht auf Gedeih und Verderb außergewöhnlich sein, damit er möglichst viele Ansätze für seine spätere Verehrung als Christus liefert. Jesus darf wahrer Mensch sein. Eingebettet in seine Zeit, zeigt er Seiten, die uns faszinieren, und Seiten, die auf uns völlig fremd wirken.

I. Die Spruchquelle »Q«: Ein frühes Dokument mit Worten Jesu

Die Evangelien und ihre Quellen

Mit den vier Evangelien des Neuen Testaments hat es eine besondere Bewandtnis. Das Johannesevangelium besitzt ein ganz eigenes Gepräge und enthält viele Texte, die wir nur in diesem Evangelium finden. Die anderen drei Evangelien dagegen ähneln sich stark.

Bereits in der frühen Kirche ist aufgefallen, daß zwischen den ersten drei Evangelien des Neuen Testaments verblüffende Übereinstimmungen bestehen:

- Sie bieten gleiche Inhalte.
- Sie haben einen ähnlichen Gesamtaufriß und vor allem in der zweiten Hälfte läuft die Abfolge der einzelnen Abschnitte parallel.
- Darüber hinaus finden sich sogar Stellen mit identischem Wortlaut.

Besonders frappierend ist, daß sich fast das ganze Markusevangelium – nämlich 630 von insgesamt 661 Versen – bei Matthäus wiederfindet. Im Lukasevangelium sind knapp zwei Drittel des Markusevangeliums enthalten.

Die drei ersten Evangelien des Neuen Testaments werden aus diesem Grund auch synoptische Evangelien, ihre Verfasser die Synoptiker genannt. Denn wegen der vielen Parallelen kann man die Texte vom Matthäus-, Markus- und Lukasevangelium in einer Zusammenschau (griechisch: *synopsis*) nebeneinander legen und miteinander vergleichen. Solche Zusammenschauen sind auch als Bücher veröffentlicht worden. In ihnen sind in Spalten die sich jeweils entsprechenden Textpassagen der synoptischen Evangelien nebeneinander abgedruckt. Ein solches Buch bezeichnet man als Synopse.

Roter Faden für Matthäus und Lukas: das Markusevangelium

Nun gibt es noch eine weitere Auffälligkeit: In der Abfolge der Stoffe stimmen Matthäus und Lukas nur dann überein, wenn sie in dieser Abfolge auch mit Markus parallel laufen. Weicht einer der beiden von der gemeinsamen Reihenfolge mit Markus ab, paßt seine Anordnung der Stoffe auch nicht mehr zu derjenigen, die der andere Evangelist den Inhalten gegeben hat. Sprich: Geht Lukas mit Markus nicht parallel, tut er es auch mit Matthäus nicht.

So erzählt Markus im Anschluß an Jesu dritte Leidensankündigung (Mk 10,32–34) über Rivalitäten unter den Jüngern; sie werden dadurch ausgelöst, daß Johannes und Jakobus, die Söhne des Zebedäus, eine besondere Stellung begehren (Mk 10,35–40). Lukas bringt diesen Streit dagegen nach dem letzten Abendmahl (Lk 22,14–23), wobei der Bezug auf Johannes und Jakobus fehlt (Lk 22,24–30). Lukas hat auch Jesu Einsetzung des Gedächtnismahls (wir sagen heute Abendmahl oder Eucharistie) früher als Markus. Bei Matthäus entspricht die Abfolge sowohl bei der Leidensankündigung (Mt 20,17–19) als auch beim Abendmahl (Mt 26,26–29) der des Markus.

Daraus ergibt sich: Der gemeinsame rote Faden, dem Matthäus und Lukas folgten, ist das Markusevangelium. Das ist nur möglich, wenn das Markusevangelium als ältestes der drei Werke bei den anderen beiden Evangelisten sozusagen auf dem Schreibtisch gelegen hat. Diese Beobachtung ist die Basis der sogenannten Zweiquellentheorie.[11]

Die zweite Quelle von Matthäus und Lukas

Die Zweiquellentheorie erklärt eine weitere besondere Auffälligkeit im Verhältnis der Evangelien:

- Streckenweise stimmen alle drei Evangelien in Inhalt, Abfolge und Wortlaut überein.
- Des öfteren kommen aber nur Matthäus und Lukas zusammen, ohne daß sich ein entsprechender Text bei Markus findet.
- Außerdem gibt es Passagen, die nur Lukas hat, und solche, die nur Matthäus aufweist. So erzählen Matthäus und Lukas ganz verschiedene Geschichten über die Kindheit Jesu oder über die Erscheinungen des Auferstandenen. Hier ist keinerlei Bezug zwischen Lukas und Matthäus festzustellen. Einzelne Gleichnisse, etwa das vom barmherzigen

Samariter oder das vom verlorenen Sohn, finden sich nur bei Lukas.

Dieser Befund wird am besten verständlich durch folgende Annahme: Als Matthäus und Lukas ihre Evangelien verfaßten, hatten beide Evangelisten zwei Bücher vor sich liegen, die von Jesus handelten. Und diese beiden Bücher benutzten sie als Hilfe und Vorlage – als Quelle –, um ihre eigenen Werke zu formulieren. Sie schrieben also beide unabhängig voneinander aus den gleichen zwei Quellenschriften ab.

Die eine Vorlage war das Markusevangelium. Das erklärt die Parallelen zwischen allen drei Evangelien. Zum anderen bedienten sie sich noch aus einer weiteren Quelle. Das erklärt die Passagen, die nur Matthäus und Lukas gemeinsam haben.

Da auch hier Matthäus und Lukas Parallelen mit identischem Wortlaut aufweisen, muß ihnen die zweite Quelle – wie das Markusevangelium – in schriftlicher Form vorgelegen haben. Die zweite Quelle war also nicht bloß eine mündliche Tradition, die in der jeweiligen christlichen Gemeinschaft, zu welcher der Evangelist gehörte, weitergegeben wurde, sondern so etwas wie ein Buch. Diese zweite Quellenschrift wird in der Forschung üblicherweise mit dem Kürzel Q (für Quelle) bezeichnet.

Schließlich verfügte sowohl Lukas über Stoffe, die nur ihm bekannt waren, als auch Matthäus über nur ihm zugängliche Überlieferungen. Dieses Material bezeichnet man als Sondergut.

Bei Markus und Q »abgekupfert«

Wir haben es somit mit folgendem interessanten Phänomen zu tun: Die beiden Autoren Matthäus und Lukas benutzten die gleichen Vorlagen. Als Matthäus sich an die Arbeit machte, sah er das Markusevangelium und die Schrift, die wir als Q bezeichnen, ein. Und auf Lukas' Lesepult lagen ebenfalls ein Exemplar des Markusevangeliums und eine Ausgabe von Q. Unabhängig voneinander machten sich beide Schriftsteller daran, aus diesen beiden Büchern mehr oder weniger wörtlich abzuschreiben.

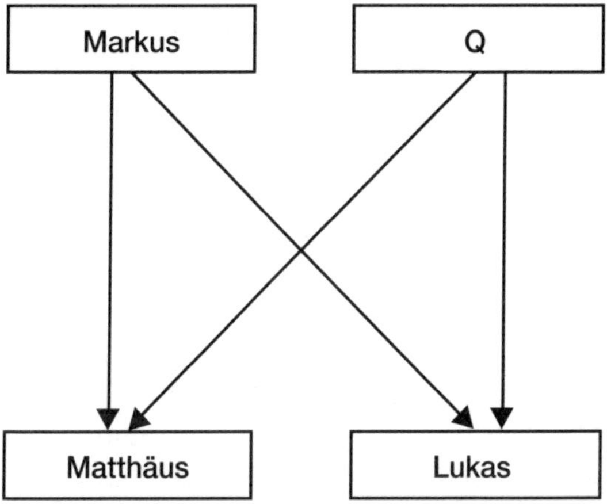

Bei der Komposition ihrer eigenen Werke benutzten Matthäus und Lukas das Markusevangelium als roten Faden. Sie ordneten die Inhalte, die sie dem Markusevangelium entnahmen, weitgehend in der gleichen Abfolge an, wie sie sie im Markusevangelium vorfanden. Die Inhalte der zweiten

Quelle Q schoben sie in diese Abfolge ein. Dabei verfuhr Lukas anders als Matthäus, was nicht weiter verwundert. Denn Lukas wußte ja nicht, was Matthäus tat, und Matthäus wußte nicht, wie Lukas mit den beiden Quellen umging.

Geschnitten oder am Stück

So hat Lukas das Material, das er Q entnahm, bevorzugt in zwei großen geschlossenen Blöcken, den sogenannten Einschaltungen, in den Abriß des Markusevangeliums eingefügt:

Lukas	1,5–4,30	= Sondergut (Kindheitserzählungen)
	4,31–6,19	= Mk 1,21–3,19
	6,20–8,3	= Q + Sondergut = 1. oder »kleine« Einschaltung
	8,4–9,50	= Mk 4,1–25; 3,31-35; 4,35–6,44; 8,27–9,40
	9,51–18,14	= Q + Sondergut = 2. oder »große« Einschaltung
	18,15–24,10	= Mk 10,13–16,8
	24,12–53	= Sondergut (Ostererzählungen)

Matthäus dagegen verwertete den Stoff aus Q sozusagen in kleineren Portionen. Er brachte ihn vor allem in den großen Redekompositionen unter, die er Jesus in den Mund legte. Außerdem lagerte er ihn gerne da, wo es thematisch paßte, an einzelne Stellen des Markusevangeliums an.

Matthäus tendierte auch dazu, einander ähnelnde Texte des Markusevangeliums und der Logienquelle miteinander zu vermischen. So enthält sowohl das Markusevangelium als auch die Logienquelle Verhaltensregeln für die Verkündiger, die »Missionare«. Lukas hat daraus zwei Aussendungsreden gemacht: Markus 6,7–13 wird zur Aussendung der Zwölf (Lk 9,1–6), der Stoff aus Q zur Aussendung der 72 (Lk 10,1–16). Matthäus komponierte dagegen aus dem gesamten ihm zur Verfügung stehenden Material nur eine Rede (Mt 9,35–11,1).

Q: Eine Sammlung von Jesus-Worten

Die Logienquelle ist uns anders als das Markusevangelium nicht selbständig (etwa als Abschrift) überliefert. Der Text von Q kann jedoch aus dem Matthäus- und dem Lukasevangelium rekonstruiert werden. Reiht man die Verse, die in den beiden Evangelien wohl aus Q stammen, aneinander, erhält man vor allem Aussprüche, die Jesus zugeschrieben sind. Q wird daher auch als Spruchquelle oder – vom griechischen Begriff *»logion«* für »Wort, Spruch« her – als Logienquelle bezeichnet. Die übliche Einteilung der Evangelien zugrundegelegt, umfaßt Q rund 200 Verse. Zur Logienquelle gehören so bekannte Texte wie die Seligpreisungen der Armen, Hungernden und Trauernden, das »Vater unser« und die Feindesliebeforderung. Insgesamt können wir den Inhalt der Logienquelle ungefähr wie folgt bestimmen:[12]

Auftreten und Predigt des Täufers	Lk 3,7–9.15–18/Mt 3,7–12
Taufe Jesu	Lk 3,21–22/Mt 3,13–17
Versuchung Jesu	Lk 4,1–13/Mt 4,1–11
Rede Jesu am Berg	Lk 6,20–49/Mt 5,1–7,29
Hauptmann von Kapharnaum	Lk 7,1–10/Mt 8,5–13
Worte Jesu über den Täufer	Lk 7,18–35/Mt 11,2–19
Worte der Nachfolge	Lk 9,57–62/Mt 8,19–22
Rede an die Boten	Lk 10,1–16/Mt 9,37–10,16; 11,21–23; 10,40
Offenbarungswort über Vater und Sohn	Lk 10,21–22/Mt 11,25–27
Seligpreisung der Augenzeugen	Lk 10,23–24/Mt 13,16–17
Gebetsunterweisung	Lk 11,1–4.9–13/Mt 6,9–13; 7,7–11
Antwort auf den Beelzebulvorwurf	Lk 11,14–26/Mt 12,22–30; 12,43–45
Sprüche über das Zeichen des Jona	Lk 11,29–32/Mt 12,38–42
Sprüche über das Licht	Lk 11,33–36/Mt 5,15; 6,22–23
Wehe über Pharisäer und Gesetzeslehrer	Lk 11,37–54/Mt 23,4–36
Mahnung zu furchtlosem Bekenntnis	Lk 12,1–12/Mt 10,26–33
Über das Sorgen und Schätzesammeln	Lk 12,22–34/Mt 6,19–33
Mahnung zur Wachsamkeit	Lk 12,39–46/Mt 24,43–51
Worte über Zerwürfnisse	Lk 12,51–53/Mt 10,34–36
Über die Zeichen der Zeit	Lk 12,54–59/Mt 16,2–3; 5,25–26

Gleichnisse vom Senfkorn und Sauerteig	Lk 13,18–21/Mt 13,31–33
Von der engen und verschlossenen Tür	Lk 13,22–30/Mt 7,13–14; 7,22–23; 8,11–12
Klage über Jerusalem	Lk 13,34–35/Mt 23,37–39
Gleichnis vom großen Mahl	Lk 14,15–24/Mt 22,1–10
Gleichnis vom verlorenen Schaf	Lk 15,3–7/Mt 18,12–14
Gott oder Mammon	Lk 16,13/Mt 6,24
Worte über Gesetz und Ehescheidung	Lk 16,16–18/Mt 11,12–13; 5,18; 5,32
Über Ärgernis, Vergebung und Glauben	Lk 17,1–6/Mt 18,6–7. 15.21–22; 17,20
Endzeitrede	Lk 17,22–37/Mt 24,26–27. 37–39; 10,39; 24,40–41.28
Gleichnis vom anvertrauten Geld	Lk 19,12–27/Mt 25,14–30
Vom Richten über die zwölf Stämme	Lk 22,28–30/Mt 19,28

Die Spruchquelle Q ist kein Phantom

Nun könnte man einwenden, die Logienquelle beruhe auf einer bloßen Theorie. Doch es ist in der Altertumswissenschaft gang und gäbe, verlorengegangene Werke, deren Text in zusammenhängender Form nicht mehr überliefert ist, aus Zitaten bei anderen Autoren zu rekonstruieren. Ein berühmtes Beispiel sind die Äußerungen der frühen griechischen Philosophen aus der Zeit vor Sokrates, die sogenannten Fragmente der Vorsokratiker. Auch der Inhalt von Schriften, die Gegner des frühen Christentums verfaßt haben, sind oft nur aus den Erwiderungen christlicher Theologen, der sogenannten Apologeten, bekannt.

Vor allem aber besitzen wir seit 1947 das Beispiel einer solchen Schrift, wie sie die Logienquelle gewesen sein muß. Damals entdeckten Fellachen im oberägyptischen Ort Nag Hammadi 13 Bücher aus Papyrus. Alle waren Sammelwerke, die jeweils mehrere Schriften vereinigten. Eines der Bücher – der Nag Hammadi Codex II – enthielt an zweiter Stelle einen kurzen, 20 Seiten füllenden Text, der am Ende als »Das Evangelium nach Thomas« bezeichnet wird.[13]

Daß es dieses sogenannte Thomasevangelium gegeben hat, wußte man aus den Schriften frühchristlicher Autoren, die ein solches Evangelium erwähnen, zum Beispiel Origines oder der »erste Kirchenhistoriker« Eusebius von Cäsarea, um nur die bekanntesten zu nennen. Nun lag auf einmal der Text[14] dieses Werkes vor, und die Forscher erkannten, daß sie – ohne es zu wissen – bereits seit der Wende vom 19. zum 20. Jahrhundert Fragmente des Thomasevangeliums besaßen. Denn 1897 und 1903 hatte man in Oxyrhynchos, das in römischer Zeit die bedeutendste Stadt Mittelägyptens gewesen war, insgesamt drei Papyri gefunden, welche Passagen enthalten, die auch im Thomasevangelium vorkommen.

Eine andere Logienquelle: das Thomasevangelium

Das in Nag Hammadi entdeckte Thomasevangelium ist eine Sammlung von 114 Worten Jesu. Sie beginnt mit der Beschreibung: »Das sind die geheimen Worte, die Jesus der Lebendige sagte und die Didymus Judas Thomas aufgeschrieben hat.« Der Text ist in Koptisch geschrieben und nach Einschätzung der Experten um 400 n. Chr. entstanden. Eine Reihe von Wissenschaftlern nimmt allerdings an, daß diese koptische Ausgabe auf eine griechische Fassung zurückgeht, die so alt sein könnte wie die Evangelien des Neuen Testaments. So urteilt der Q-Experte Christoph Heil: »Wie auch immer man die Schluß-Redaktion des Thomas-Evangeliums datiert, man muß m. E. davon ausgehen, daß es sehr altes Material enthält, das in einigen Fällen mit begründeter Wahrscheinlichkeit so weit wie die synoptischen Evangelien zurückreicht, ja sogar bis an Jesus selbst.«[15]

Die beiden Papyri aus Oxyrhynchos – denen die Forscher die Nummern 1, 654 und 655 gegeben haben – sind in Griechisch geschrieben und repräsentieren jedenfalls ein älteres Stadium als das koptische Werk, zu dem sie Unterschiede in Wortlaut und Anordnung des Textes[16] aufweisen.

Das Thomasevangelium reiht die Worte Jesu einfach aneinander. Manchmal sind sie durch Stichworte miteinander verbunden. Das Thomasevangelium kennt keine erzählenden Passagen und kaum Überleitungen. Diese beschränken sich zumeist auf Bemerkungen wie »Jesus sagte« und »XY sagte zu Jesus«. Etwa die Hälfte der Sprüche weist Parallelen in den synoptischen Evangelien auf. So kennt das Thomasevangelium zum Beispiel das Gleichnis vom Sämann:

»Jesus sagt: ›Einer ging aus, um zu säen. Er nahm eine Handvoll Saatgut und warf es aus. Einiges fiel auf den Weg. Da kamen die Vögel und pickten es auf. Anderes fiel auf den Fels und trieb keine Wurzel in die Erde, so daß es keine Ähren emporsprießen lassen konnte. Wieder anderes fiel in die Dornen, aber das Dorngestrüpp erstickte die Saat, und Würmer fraßen sie. Manches aber fiel auf guten Boden und brachte gute Frucht hervor. Aus jedem Samenkorn wurden sechzig oder hundertundzwanzig.‹« (Thomasevangelium 9)[17]

Das übrige Material besteht aus unbiblischen Jesus-Worten. Teils begegnen wir entsprechenden Worten auch in anderen frühchristlichen Schriften, die ebenfalls nicht ins Neue Testament eingegangen sind. Teils sind sie sonst unbekannt; das gilt etwa für die folgenden beiden Worte:

»Jesus sagte: ›Das Königreich des Vaters ist gleich einer Frau, die einen Krug voller Mehl trug. Sie ging auf einem weiten Weg. Der Henkel des

Kruges brach, das Mehl verstreute sich hinter ihr auf den Weg. Sie wußte es nicht, sie hatte das Unheil nicht wahrgenommen. Als sie in ihr Haus kam, stellte sie den Krug auf den Boden (und) fand ihn leer.‹

Jesus sagte: ›Das Königreich des Vaters ist gleich einem Mann, der wollte einen Vornehmen töten. Er zog das Schwert in seinem Haus, er durchstach die Mauer, um herauszufinden, ob seine Hand stark (genug) wäre. Dann tötete er den Vornehmen.‹« (Thomasevangelium 97 und 98)[18]

Die Beispiele zeigen, daß aber auch ein Großteil der nichtbiblischen Jesus-Worte des Thomasevangeliums in Stil und Wortwahl den Jesus-Worten der synoptischen Evangelien gleichen. Manches sonst unbekannte Material muß also ursprünglich aus einem ähnlichen Milieu innerhalb des Urchristentums stammen wie die Überlieferungen, die Matthäus, Markus und Lukas verarbeitet haben. Der Neutestamentler Klaus Berger zum Beispiel hält das zitierte Gleichnis vom Attentäter für ein tatsächlich von Jesus selbst gesagtes Wort.[19]

Auf alle Fälle beweist das Thomasevangelium, daß es solche Spruchsammlungen gegeben hat, die verschiedene Jesus-Worte mit relativ wenig verbindendem Text aufführten.

Wie ein löchriges Blatt

Bei Q stellt sich allerdings das Problem, den genauen Wortlaut wiederzugewinnen. Denn Matthäus und Lukas haben beide den Text ihrer Vorlage abgeändert, Passagen ausgelassen und eigene

Formulierungen eingebracht. Zwar ist rund die Hälfte des für Q in Frage kommenden Wortbestandes bei Matthäus und Lukas identisch und damit nach Überzeugung der Experten mit Sicherheit der Text von Q.

Matthäus 6,24	Q 16,13	Lukas 16,13
Keiner kann zwei Herren dienen;	Keiner kann zwei Herren dienen;	Kein Hausknecht kann zwei Herren dienen;
denn entweder wird er den einen hassen und den anderen lieben, oder er wird dem einen anhängen und den anderen verachten. Ihr könnt nicht Gott dienen und dem Mammon.	denn entweder wird er den einen hassen und den anderen lieben, oder er wird dem einen anhängen und den anderen verachten. Ihr könnt nicht Gott dienen und dem Mammon.	denn entweder wird er den einen hassen und den anderen lieben, oder er wird dem einen anhängen und den anderen verachten. Ihr könnt nicht Gott dienen und dem Mammon.

Solche sicheren Q-Texte kann man notieren. Dann erhält man einen Text mit vielen Lücken, so wie das in der Archäologie ja oft der Fall ist. Da finden die Forscher ein beschriebenes Blatt, das Löcher hat, am Rand abgerissen ist, wo Anfang und Ende fehlen. Oder bei einer Inschrift sind Teile des Steins weggebrochen und verloren, von der Oberfläche ist etwas abgeplatzt oder gar das Ganze in Stücke gehauen, so daß man es erst wieder zusammensetzen muß, an den Nahtstellen aber Risse bleiben. Einen solchen »durchlöcherten Q-Text« haben Experten tatsächlich angefertigt, um eine Basis für weitere Rekonstruktionen zu gewinnen.[20] Denn auch bei der zerschlagenen Inschrift oder dem zerfressenen Pergament wird der Forscher versuchen, zu rekonstruieren, was in den Lücken gestanden hat. Bei der Logienquelle haben die Experten gute Chancen, die Lücken zu füllen.

Zwar weichen Matthäus und Lukas bei der zweiten Hälfte des Textbestandes, der für Q in Frage kommt, im Wortlaut voneinander ab. Doch es bestehen grundsätzlich drei Möglichkeiten:

Matthäus gibt Q wieder:

Matthäus 5,44–45	Q 6,27–28.35	Lukas 6,27–28.35
Liebt eure Feinde und betet für die, die euch verfolgen, damit ihr Söhne eures Vaters im Himmel werdet; denn er läßt seine Sonne aufgehen über Bösen und Guten, und er läßt regnen über Gerechte und Ungerechte.	Liebt eure Feinde und betet für die, die euch verfolgen, damit ihr Söhne eures Vaters werdet; denn er läßt seine Sonne aufgehen über Bösen und Guten, und er läßt regnen über Gerechte und Ungerechte.	Liebt eure Feinde! Tut denen Gutes, die euch hassen! (...) und ihr werdet Söhne des Höchsten sein; denn auch er ist gütig gegen die Undankbaren und Bösen.

Lukas gibt Q wieder:

Matthäus 6,9	Q 11,2	Lukas 11,2
So nun sollt ihr beten:		
	Wenn ihr betet sagt:	Wenn ihr betet sagt:
Vater unser, der in den Himmeln,	Vater,	Vater,
geheiligt werde dein Name.	geheiligt werde dein Name.	geheiligt werde dein Name.

In diesen beiden Fällen besteht also die Chance, daß man den ursprünglichen Text aus einem der beiden Evangelien entnehmen kann. Das kann auch diffiziler sein als in den beiden eben gewählten Beispielen. Da ist in einem Vers das eine Wort bei Matthäus richtig überliefert und bei Lukas abgeändert, und das nächste Wort hat aber Lukas erhalten, und Matthäus hat es durch eine eigene Formulierung ersetzt.

Die dritte Möglichkeit, die natürlich die meisten Probleme aufwirft, ist: Keiner von beiden gibt Q wieder. Das ist zum Beispiel bei dem Gleichnis von einem Gastgeber, dem die eingeladenen Gäste alle absagen und der daraufhin zu seinem Fest Leute von der Straße holt (Mt 22,1–14/Lk 14,15–24), der Fall. Die Grundstruktur der Erzählung ist in beiden Fassungen die gleiche. Aber sprachlich und inhaltlich haben Matthäus und Lukas jeweils eigene Fassungen entwickelt. Daher können wir lediglich davon ausgehen, daß ein entsprechendes Gleichnis in irgendeiner Form in Q enthalten war.

An diesem Beispiel sehen wir, daß die Rekonstruktion der Logienquelle nicht immer einfach ist. Sie setzt voraus, daß man sich intensiv mit den Evangelien beschäftigt hat und Theologie, Sprachstil und bevorzugte Wortwahl von Matthäus und Lukas kennt. Hilfreich ist, daß man Matthäus- und Lukasevangelium mit dem Markusevangelium vergleichen kann. Hier läßt sich aufs genaueste feststellen, wie Matthäus und Lukas ihre Vorlage, das Markusevangelium, jeweils verändert haben, und die dabei gewonnenen Einsichten lassen sich auf den Umgang der Evangelisten mit Q übertragen. Nur diese Kenntnisse ermöglichen an Stellen, an denen der Text des Matthäus und der des Lukas nicht übereinstimmen, ein Urteil, welcher der beiden Evangelisten den Wortlaut von Q eher bewahrt und wer ihn verändert hat und ob nicht sogar beide Evangelisten von ihm abgewichen sind.

Außerdem stützen sich die Forscher auf allgemeine Erfahrungswerte, etwa daß Bearbeiter dazu neigen, ihre Vorlagen sprachlich zu glätten. Am Lukasevangelium läßt sich feststellen, daß sein Verfasser ein gehobeneres Griechisch schrieb und die volkstümlichere Ausdrucksweise des Markus verbesserte. Das darf man dann auch für seinen Umgang mit Q vermuten.

Seit Anfang des 20. Jahrhunderts haben Wissenschaftler immer wieder daran gearbeitet, den Text von Q wiederherzustellen. Bei all der Jahrzehnte währenden Arbeit blieb freilich eines unbefriedigend: Jeder Forscher veröffentlichte seine

Ergebnisse, und obwohl man sich über die Existenz der Logienquelle und im groben über deren Umfang einig war, akzeptierten im Detail nie alle Experten (oder wenigstens die große Mehrheit) die Rekonstruktion eines einzelnen Kollegen. Mehr und mehr spürte man in der Fachwelt die Notwendigkeit, daß es einer internationalen Teamleistung bedürfte, um eine allgemein anerkannte Rekonstruktion der Logienquelle zu erstellen.

Eine zuverlässige Rekonstruktion der Logienquelle – das »Internationale Q-Projekt«[21]

1989 gründeten die Professoren James M. Robinson (Institute of Antiquity and Christianity in Claremont/Kalifornien) und John S. Kloppenborg Verbin (University of Toronto/Kanada) das Internationale Q-Projekt, um einen möglichst gut begründeten Wortlaut der Logienquelle zu erarbeiten. 1993 stießen der Neutestamentler Prof. Dr. Paul Hoffmann und seine Mitarbeiter von der Katholisch-Theologischen Fakultät der Universität Bamberg dazu. Um die drei führenden Köpfe gruppierte sich ein Wissenschaftlerteam, dessen Mitglieder aus aller Welt und aus ganz verschiedenen »Schulen« der Zunft kamen. Ihr Ziel war es, eine Gesamtrekonstruktion von Q zu erstellen, über deren Entscheidungen man sich informieren kann und die von daher Verbindlichkeit beanspruchen darf.

Die Aufgabe des Internationalen Q-Projekts war umfangreich: Zu allen Versen und Abschnitten aus dem Matthäus- und Lukasevangelium, hinter denen man eine Vorlage aus der Logienquelle vermutet, wurde zunächst die Forschungsarbeit aus fast zwei Jahrhunderten zusammengetragen. Man sichtete alles, was zu diesen Bibelstellen jemals gesagt worden war. Das war ein wesentlicher Grund, warum die Amerikaner deutsche Forscher beteiligten. Denn in Deutschland ist die Zwei-Quellen-Theorie nicht nur entwickelt, sondern nach dem Zweiten Weltkrieg auch die Forschung über die Logienquelle – neben anderen von Paul Hoffmann selbst – verstärkt vorangetrieben worden. Auf dieser Basis der Forschungsgeschichte wurden in mehreren Durchgängen begründete Vorschläge erarbeitet, diskutiert und abgestimmt, wie der Wortlaut von Q gelautet haben könnte. Dabei wurden den Rekonstruktionen im Detail – also bis hin zu einzelnen Worten – Wahrscheinlichkeitsgrade zugewiesen von »an Sicherheit grenzend« über »überzeugend« und »schwach« bis hin zu »äußerst unsicher« und »unentscheidbar«.

Der Text, der aus dieser aufwendigen Arbeit hervorgegangen ist, wurde unter dem Titel »The Critical Edition of Q« im Jahr 2000 als Buch veröffentlicht.[22] Inzwischen gibt es dazu auch eine einfacher gehaltene Studienausgabe.[23] Die mehrjährige Arbeit des Internationalen Q-Projekts dokumentiert eine auf 32 Bände angelegte Buchreihe.[24] Die Texte der Logienquelle, die in diesem Buch zitiert sind, folgen grundsätzlich der »Critical Edition of Q« bzw. der auf ihr basierenden deutschen Studienausgabe. Für die Übertragung ins

Deutsche habe ich jedoch bisweilen eigene Übersetzungen gewählt.

Eine Konvention des Internationalen Q-Projekts hat sich inzwischen durchgesetzt: Einzelne Stellen aus der Logienquelle gibt man an, indem man die entsprechende Stelle aus dem Lukasevangelium nennt und ihr das Kürzel »Q« voransetzt. Q 6,31 meint also den aus Lukas 6,31 und der Parallelstelle Matthäus 7,12 rekonstruierten Text, in diesem Fall die Goldene Regel. Diese Zitierweise will nicht behaupten, daß das Lukasevangelium bei der Wiederherstellung des Wortlauts von Q dem Matthäusevangelium vorzuziehen sei. Sie dient der Bequemlichkeit, signalisiert aber auch, daß Q eine eigenständige Schrift ist. Allerdings geht das Internationale Q-Projekt davon aus, daß Lukas die *Abfolge* der Q-Texte meist besser bewahrt hat als Matthäus. Das rührt daher, daß Lukas ganze Abschnitte der Logienquelle in geschlossenen Blocks seinem Evangelium einfügte. Matthäus dagegen entnahm der Logienquelle die einzelnen Sprüche und komponierte aus ihnen und aus anderem Material längere Reden, die er Jesus in den Mund legte.

In diesem Buch bin ich freilich bei der alten Zitierweise geblieben, beide Stellen, die aus dem Lukas- und die aus Matthäusevangelium, zu nennen. Auf die Goldene Regel zum Beispiel würde mit der Angabe Mt 7,12/Lk 6,31 hingewiesen. Ich habe diese Lösung gewählt, weil ich davon ausgehe, daß der größte Teil der Leserschaft keine Textausgabe der Logienquelle zur Hand hat, und ich meinen Leserinnen und Lesern außerdem die Möglichkeit eröffnen möchte, jeweils beide Stellen nachzulesen, aus denen auf eine Vorlage aus der Logienquelle geschlossen wird.

Die Briefe des Paulus – Jesus-Worte sind rar

Welchen Nutzen hat diese Leistung, von der alle künftige Forschung profitieren wird, für »Otto Normalverbraucher«? Wer sich aus persönlichen Gründen – sei es aus religiösem Interesse, sei es aus bloßem Wissensdurst – mit der Bibel beschäftigt, was hat er oder sie davon, wenn sie um die Zweiquellentheorie wissen oder einen wiederhergestellten Text der Logienquelle lesen können? Lohnt es sich für eine christliche Gemeinde, sich mit Q zu beschäftigen?

Um die Frage beantworten zu können, hilft uns ein Blick auf die Schriften, die im Neuen Testament zusammengestellt sind: Die ältesten Zeugnisse des Christentums sind die Briefe des Paulus, genauer die authentischen Paulusbriefe, die der Apostel selbst geschrieben hat und die nicht erst später in und unter seinem Namen von anderen – uns heute namentlich nicht bekannten – Autoren verfaßt wurden. Die echten Paulusbriefe sind zwischen 50 und 55 n. Chr. entstanden.

Stellen wir uns nun einmal vor, von den Schriften des Neuen Testaments wären nur diese Briefe des Apostels Paulus auf uns gekommen. Was wüßten wir dann über Jesu Botschaft? Paulus bietet in seinen Briefen ganze vier Worte, die er als Zitate Jesu kennzeichnet:

»Den Verheirateten gebiete nicht ich, sondern der Herr: Die Frau soll sich vom Mann nicht trennen; wenn sie sich aber trennt, so bleibe sie unverheiratet oder versöhne sich wieder mit dem Mann –, und der Mann darf die Frau nicht verstoßen.« (1. Brief an die Korinther 7,10–11)

»So hat auch der Herr denen, die das Evangelium verkündigen, geboten, vom Evangelium zu leben.« (1. Brief an die Korinther 9,14)

»Denn ich habe vom Herrn empfangen, was ich euch dann überliefert habe: Jesus, der Herr, nahm in der Nacht, in der er ausgeliefert wurde, Brot, sprach das Dankgebet, brach das Brot und sagte: ›Das ist mein Leib für euch. Tut dies zu meinem Gedächtnis!‹ Ebenso nahm er nach dem Mahl den Kelch und sprach: ›Dieser Kelch ist der Neue Bund in meinem Blut. Tut dies, sooft ihr daraus trinkt, zu meinem Gedächtnis!‹« (1. Brief an die Korinther 11,23–25)

»Denn dies sagen wir euch nach einem Wort des Herrn: Wir, die Lebenden, die noch übrig sind, wenn der Herr kommt, werden den Verstorbenen nichts voraushaben. Denn der Herr selbst wird vom Himmel herabkommen, wenn der Befehl ergeht, der Erzengel ruft und die Posaune Gottes erschallt. Zuerst werden die in Christus Verstorbenen auferstehen; dann werden wir, die Lebenden, die noch übrig sind, zugleich mit ihnen auf den Wolken in die Luft entrückt, dem Herrn entgegen. Dann werden wir immer

beim Herrn sein.« (1. Brief an die Thessalonicher 4,15–17)

Wenn wir nur diese Aussagen besäßen, könnten wir bestenfalls rekonstruieren, daß Jesus ein Lehrer war, der gegen die Ehescheidung war, sich zu einer Detailfrage des Auferstehungsglaubens geäußert hat und ein Gedächtnismahl ins Leben rief. Es wäre für uns kaum nachvollziehbar, warum dieser Mann aus Nazareth für Paulus eine solche Bedeutung hat, daß er von dessen Tod und Auferweckung das Heil der Welt abhängig macht. Das Christentum erschiene dann wie einer jener in der damaligen Zeit so beliebten Mysterienkulte[25], bei denen sich die Anhänger geheimnisvollen Riten – in diesem Fall eben der Taufe – unterzogen, um Erlösung zu erlangen. Jedenfalls wäre unser Wissen über die Person Jesus, über sein Leben und Wirken äußerst mager.

Möglicherweise spielt Paulus auch noch an anderen Stellen seiner Briefe auf Aussagen Jesu an (zum Beispiel im Brief an die Galater 6,2; im Brief an die Römer 13,8–9), aber er macht das nicht kenntlich, so daß wir die Bezüge nur deshalb bemerken, weil wir noch andere Quellen haben. Diese anderen Zeugnisse sind die Evangelien.

Mit Q näher an Jesus heran

Die Evangelien sind freilich jünger als die Paulusbriefe. Die Forscher erschließen dies zumindest aus dem Inhalt der Evangelien, denn deren Verfasser nennen nirgends ein Datum der Veröffentlichung. Die breite Mehrheitsmeinung der Experten geht davon aus, daß das Markusevangelium um 70 n. Chr. abgefaßt wurde, das Lukas- und das Matthäusevangelium ein Jahrzehnt später. Da die Logienquelle den Evangelisten Matthäus und Lukas schon vorlag, kommen wir mit ihrer Rekonstruktion in der Geschichte wieder ein Stück zurück, näher an Jesus heran. Zwar tendieren die Q-Spezialisten neuerdings verstärkt zu der Annahme, die endgültige Abfassung der Logienquelle sei auch erst um 70 n. Chr. und nicht schon um 50 n. Chr. erfolgt und somit gleichzeitig mit der Entstehung des Markusevangeliums anzusetzen. Doch liegt uns mit der Rekonstruktion von Q immerhin eine Sammlung von Worten Jesu vor, die nur eine Generation nach seinem Tod zum Abschluß gebracht wurde. Gegenüber dem gleichzeitigen Markusevangelium hat sie den Vorteil der geographischen Nähe. Dem Markusevangelium kann man ansehen, daß es mit den Verhältnissen im Palästina zur Zeit Jesu nicht gut vertraut ist. Bei der Logienquelle sagen die Kenner dagegen, daß die in ihr dargebotenen Worte Jesu in Galiläa zusammengetragen und vermutlich im angrenzenden Teil Syriens in die Form einer kleinen Schrift gebracht wurden.[26]

Der Gang der Überlieferung verlief also wie folgt: Jesus verkündete zunächst selbst seine Botschaft. Wohl noch vor, aber erst recht nach seinem Tod (30 oder 33 n. Chr.) wurden die Worte Jesu mündlich weitergegeben. Das war – anders als heute, wo kaum noch etwas auswendig gelernt wird – kein simpler Tratsch. Man merkte sich auch größere Sammlungen von Jesus-Worten, indem man sich zum Beispiel an Stichworten von einem Ausspruch zum nächsten hangelte. Diese Überlieferungen wurden niedergeschrieben. Neben einer allgemeinen Sorge um den Erhalt der Botschaft mag der Anlaß ein Wechsel des Milieus gewesen sein. Als die Christen während der Wirren oder wegen der Folgen des Jüdischen Krieges (66–74 n. Chr.) aus Galiläa nach Syrien auswichen, faßten sie ihre Tradition in schriftliche Form, damit sie nicht verlorenging. Mit dieser Schrift, der Logienquelle, kamen dann auch andere Gemeinden in Kontakt, in denen Matthäus und Lukas sie kennenlernten. Die Christen der Logienquelle scheinen in diesen Gemeinden aufgegangen zu sein, denn Q wurde dann offenbar nicht mehr als gesondertes Buch in Abschriften weitergegeben.

Allerdings markiert diese Stufe auch die endgültige Übertragung der Worte Jesu aus dem Aramäischen ins Griechische. Sie dürfte sicher schon auf der mündlichen Ebene erfolgt sein oder zumindest begonnen haben, doch die Logienquelle verfestigt diesen Übergang. Er war durch die Umsiedlung von Christen der Q-Tradition nach Syrien unausweichlich geworden. Der Vorgang stellt freilich nichts Besonderes dar. Alle uns bekannten urchristlichen Schriften sind in einem Umgangs-Griechisch der damaligen Zeit verfaßt (der sogenannten *Koiné*, der »Allgemeinen«). Griechisch war Verkehrs- und Amtssprache im

Osten des Römischen Reiches. Wer sich allgemein verständlich machen wollte – und daran waren die Christen ja interessiert, denn sie wollten ihre Botschaft, den Glauben an Jesus Christus verbreiten –, mußte sich des Griechischen bedienen, zumal, wenn er sich schriftlich ausdrückte. Man darf in den Übergang der Worte Jesu aus dem Aramäischen ins Griechische also nicht allzu viel hineindeuten. Im Falle von Q ist die Sprache Griechisch, der Inhalt zeigt jedoch keine Prägung durch die griechisch-römische Kultur.

Den gleichen Weg wie in die Logienquelle sind Jesu Worte auch ins Thomasevangelium gegangen: mündliche Überlieferung, Übertragung ins Griechische, Verschriftlichung. Allerdings fand es seine Heimat in einer geographisch wie geistig abgesonderten Gemeinde, so daß seine weitere Entwicklung ganz anders verlief. Den Inhalt beeinflußte die spezielle Weltsicht der sogenannten »Gnosis«. Dies war eine Erlösungslehre, welche die Welt und alles Materielle als grundsätzlich schlecht ansah und das Heil von der Erkenntnis (griechisch *gnosis*) dieses Sachverhalts erwartete. Diese Weltanschauung beeinflußte auch Christen, so daß sich Strömungen eines gnostischen Christentums ausbildeten, das die übrige Kirche dann nicht anerkannte und als Irrlehre aus ihren Reihen verdrängte. Den Text des Thomasevangeliums übertrug man später in die regionale Sprache Ägyptens, das seit dem 3. Jahrhundert n. Chr. als Spätform des Ägyptischen entstandene Koptisch. Mit der Wiederherstellung der Logienquelle haben wir zweierlei gewonnen: Zum einen bekommen wir einen wichtigen Zugang zu der Botschaft, welche die historische Person Jesus ihren Zeitgenossen verkündete. In der Abfolge der Überlieferung kommen wir jedenfalls eine Stufe weiter zurück.

Zum anderen gewinnen wir Zugang zu einem sehr frühen Christentum, das in Galiläa beheimatet und somit jüdisch war. Dieses Christentum hatte ein anderes Gepräge und eine andere Form als etwa die Gemeinden des Paulus. Durch Q erweitert sich unsere Kenntnis über das Spektrum, das die christlichen Anfänge boten, und das Wissen um diese Vielfalt ist nicht nur historisch interessant, sondern kann auch für uns heute aufschlußreich sein.

II. Der Maßstab für die Welt: das Jesus-Bild von Q

Q: ein in Aufbau und Inhalt durchdachtes Werk

Durch die Rekonstruktion der Logienquelle gewinnen wir eine Sammlung von Worten Jesu. Sie ist älter als zumindest Matthäus- und Lukasevangelium, so daß wir mit ihr näher an Jesus herankommen. Das provoziert die Frage: Haben wir in der Logienquelle Jesus pur? Sind die in Q gesammelten Worte sozusagen Jesu »O-Ton«?

Kein Zettelkasten

Wer den rekonstruierten Text der Logienquelle im Zusammenhang liest, könnte auf den ersten Blick den Eindruck gewinnen, er habe einen Zitatenschatz vor sich. Im Vergleich zu den Evangelien fällt auf, daß erzählende Passagen weitgehend fehlen. Die Worte Jesu sind meist übergangslos aneinandergereiht; gelegentlich finden sich Einleitungsfloskeln. Aber nur in wenigen Ausnahmefällen werden – wie es in den Evangelien die Regel ist – Aussagen Jesu in eine konkrete Situation eingebettet. Einen guten Vergleich bietet jener Ausspruch, in dem Jesus die Ehescheidung als

Ehebruch verurteilt, denn er erfreut sich im Neuen Testament einer breiten Bezeugung. Markus erzählt in 10,2–9 zunächst ein Streitgespräch, das Pharisäer mit Jesus anzetteln und das mit der bekannten Aussage endet: »Was Gott verbunden hat, darf der Mensch nicht trennen.« Dann schließt Markus – wie öfter in seinem Evangelium – in 10,10–12 noch eine besondere Belehrung an, die Jesus nur den Jüngern erteilt. Hier findet sich nun das Jesus-Wort: »Wer seine Frau entläßt und eine andere heiratet, bricht ihr gegenüber die Ehe.« In der Logienquelle steht der entsprechende Satz völlig unvermittelt zwischen zwei anderen Jesus-Worten, die mit diesem nicht einmal durch ein gemeinsames Stichwort verknüpft sind.

Dennoch ist die Logienquelle kein Zettelkasten und auch keine Blütenlese. In Q sind nicht »Die besten Sprüche des Wanderpredigers aus Nazareth« zusammengestellt, wie es ein moderner Verlag vielleicht tun würde. Wie die Evangelien ist die Logienquelle ein Werk, das ihre Verfasser bewußt komponiert haben. Sie hat einen durchdachten Aufbau: Q beginnt mit Johannes dem Täufer als Vorläufer Jesu und der Versuchung Jesu durch den Teufel in der Wüste und stellt dann mit Absicht die Seligpreisungen der Armen, Hungernden und Trauernden an den Anfang der Verkündigung Jesu. Q endet mit Worten über die Wiederkunft Jesu, einem Gerichtsgleichnis und einem Ausblick in die eschatologische Zukunft.

Die Struktur von Q

Christoph Heil schlägt in der deutschen Studienausgabe der »Critical Edition of Q« als Gliederung der Logienquelle vor:[27]

A. *Johannes der Täufer und Jesus von Nazara* (Q 3,2–7,35)

- Die Botschaft des Johannes (Q 3,2b–17)
- Taufe und Bewährung Jesu (Q 3,21f; 4,1–13)
- Jesu programmatische Rede (Q 4,16; 6,20–49)
- Der Glaube eines Heiden an Jesu Wort (Q 7,1–10)
- Johannes, Jesus und die Kinder der Weisheit (Q 7,18–35)

B. *Die Boten des Menschensohnes (Q 9,57–11,13)*

- Radikale Nachfolge (Q 9,57–60)
- Missionsinstruktion (Q 10,2–16)
- Das Geheimnis des Sohnes (Q 10,21–24)
- Das Gebet der Jünger (Q 11,2b–4.9–13)

C. *Jesus im Konflikt mit dieser Generation (Q 11,14–52)*

- Zurückweisung des Beelzebul-Vorwurfs (Q 11,14–26)
- Die Ablehnung der Zeichenforderung (Q 11,16.29–35)
- Androhung des Gerichts (Q 11,39–52)

D. *Die Jünger in Erwartung des Menschensohnes (Q 12,213,21)*

- Bekenntnis zu Jesus ohne Furcht (Q 12,2–12)
- Sucht die Königsherrschaft Gottes (Q 12,33f.22b–31)
- Das unerwartete Kommen des Menschensohnes (Q 12,3946.49–59)
- Zwei Gleichnisse von der Königsherrschaft Gottes (Q 13,18–21)

E. Die Krisis Israels (Q 13,24–14,23)

F. Die Jünger in der Nachfolge Jesu (Q 14,26–17,21)

G. Das Ende (Q 17,23–22,30)
Der Tag des Menschensohnes (Q 17,23–37)
Das Gleichnis vom anvertrauten Geld (Q 19,12–26)
Ihr werdet die zwölf Stämme Israels richten (Q 22,28.30)

Vor allem amerikanische Forscher bezeichnen die Logienquelle gern als »Spruchevangelium«. Sie bringen dadurch zum Ausdruck, daß Q nicht eine Art Vorlesungsmitschrift ist, sondern Literatur, die den Evangelien des Neuen Testaments ebenbürtig ist.

Die Interessen der Gemeinde

Die Jesus-Worte der Logienquelle sind auch nicht einfachhin Zitate. Ähnlich wie die Evangelisten hat der Verfasser oder das Autorenteam von Q – die für den Text verantwortlichen Personen kennen wir ja nicht – den ihm überlieferten Stoff bearbeitet. Wenn die Logienquelle auch die Anliegen Jesu nach Auffassung der Fachleute zutreffend bewahrt hat, so sind in den Text doch die Anliegen jener Christen eingeflossen, die in der Logienquelle Texte, die ihnen wichtig waren, gezielt zusammengestellt haben. So spiegeln die ausführlichen Anweisungen für die Arbeiter in Gottes Ernte (Mt 9,37–38/Lk 10,2), die Jesus wie Schafe unter Wölfe sendet (Mt 10,16/Lk 10,3), und die zahlreichen Worte über die Nachfolge die Interessen jener urchristlichen Missionare, deren Evangelium die Logienquelle war. Deshalb können uns diese

Texte interessante Einblicke in die Welt dieser Christen aus den Anfängen der Kirche geben. Wir werden noch ausführlich darauf eingehen.

Auch wenn in der Logienquelle weitgehend auf kommentierende Bemerkungen verzichtet wird, geschieht durch Auswahl und Anordnung des Materials dennoch eine inhaltlich bedeutsame Schwerpunktsetzung. Das zeigt ein Vergleich mit dem Markusevangelium, der anderen Quelle von Matthäus und Lukas. Gerade auch der literarische und inhaltliche Unterschied zwischen Markusevangelium und Logienquelle wird für die beiden Evangelisten ein Anreiz gewesen sein, diese bereits existierenden Schriften zu einer neuen Darstellung zu verschmelzen. Lukas benennt dieses Motiv ja explizit im Vorwort zu seinem Evangelium: Obwohl schon andere »die Ereignisse, die sich unter uns erfüllt haben«, geschildert haben, sei er ihnen noch einmal gründlich nachgegangen, um dann selbst eine korrekte und zuverlässige Wiedergabe anzufertigen (Lk 1,1–4). Modern gesprochen: Wie ein guter Historiker oder Journalist hat Lukas recherchiert, Dokumente eingesehen, Nachrichten von Augenzeugen zugezogen und auf dieser Grundlage seinen Text verfaßt.

Menschensohn statt Gottes Sohn

Wie Markusevangelium und Logienquelle sich schon in der literarischen Form, die ihre Verfasser gewählt haben, unterscheiden, so zeigt sich ihr inhaltlicher Abstand in der Terminologie. Für

Christen heute so vertraute und selbstverständliche Begriffe wie Christus und Sohn Gottes, mit denen Jesus bezeichnet wird, fehlen in Q weitgehend. Das Markusevangelium bezeichnet sich im Titel als »Evangelium des Jesus Christus, des Sohnes Gottes« (1,1). Als roter Faden zieht sich durch das Werk, wie Jesus als Sohn Gottes offenbart und von immer mehr Personen als solcher erkannt wird, bis der heidnische Hauptmann unter dem Kreuz dann bekennt: »Wahrlich, dieser Mensch war Gottes Sohn.« (Mk 15,39) In der Logienquelle kommt der Titel »Sohn Gottes« nur an einer Stelle eindeutig vor – im Mund des Teufels bei der Versuchung Jesu in der Wüste (Mt 4,1–11/Lk 4,1–13).

Keine Passion und keine Auferstehung

Am auffälligsten ist, daß in Q ein Bericht über Jesu Leiden und Sterben, seine Passion, fehlt und daß auf Details aus der Leidensgeschichte Jesu, die in allen Evangelien breiten Raum einnimmt, nirgends Bezug genommen wird. Die Logienquelle spricht weder von Jesu Tod am Kreuz noch von Ostern und von Erscheinungen des Auferstandenen. Die Aussage, daß Gott Jesus von Toten auferweckt hat, findet sich in der Logienquelle nirgends. Das verblüfft um so mehr, als bei Paulus Tod und Auferweckung Jesu der Angelpunkt seiner Theologie sind. Für Paulus steht und fällt mit ihnen der christliche Glaube: »Wenn Christus nicht auferweckt worden ist, dann ist unsere Verkündigung leer und leer auch euer Glaube«, schreibt Paulus (1. Brief an die Korinther 15,14).

Kommt die Logienquelle – Paulus zum Trotz – ohne Auferstehung aus? Auch wenn sie keine Einzelheiten nennt, kennt Q das Ende Jesu. »Wer nicht sein Kreuz auf sich nimmt und mir folgt, kann nicht mein Jünger sein«, sagt Jesus an einer Stelle der Logienquelle (Mt 10,38/Lk 14,27). Auch wenn diese Aussage nicht wortwörtlich gemeint ist, sondern bildlich zu einer radikalen Bereitschaft, in der Nachfolge Jesu auch Verfolgung und Leiden auf sich zu nehmen, aufruft, reflektiert sie darauf, daß Jesus den Tod am Kreuz starb.[28] Dieses Schicksal Jesu deutet Q als typisches Geschick eines Propheten:

»Jerusalem, Jerusalem! Du tötest die Propheten und steinigst die, die zu dir gesandt sind. Wie oft wollte ich deine Kinder sammeln wie eine Henne ihre Küken unter die Flügel sammelt, aber ihr habt nicht gewollt. (...) Ich sage euch, ihr werdet mich nicht mehr sehen bis es kommen wird, daß ihr sagt: Gesegnet, der im Namen des Herrn kommt!« (Mt 23,37–39/Lk 13,34–35)

Daß das Volk Israel die Propheten, die Gott ihm schickt, verfolgt, sagt Q noch an anderer Stelle (Mt 23,34–36/Lk 11,49–51). Hier wird jedoch darüber hinaus deutlich, daß Q die Wiederkunft des getöteten Propheten Jesus erwartet.

Der Menschensohn

Diese Erwartung paßt zu dem Titel, mit dem Q Jesus durchgängig belegt, um seine wahre Identität offenzulegen. Es ist die Bezeichnung »der Menschensohn« (Mt 5,11/Lk 6,22; Mt 11,19/

Lk 7,34; Mt 12,40/Lk 11.30; Mt 10,32/Lk 12,8; Mt 12,32/Lk 12,10; Mt 24,44/Lk 12,40; Mt 24,27/Lk 17,24; Mt 24,37–39/Lk 17,26–30).

Der aus dem Hebräischen bzw. Aramäischen kommende Ausdruck bedeutet zunächst einfach »ein Mensch«. Ähnlich verwendet im Deutschen eine – heute wenig gebräuchliche – Ausdrucksweise das Wort »Menschenkind«. In dieser Art hat Jesus offensichtlich von sich selbst gesprochen. Das kann man an der Q-Stelle Mt 8,18–20/Lk 9,57–58 beobachten:

»Und jemand sagte zu ihm: ›Ich werde dir nachfolgen, wohin du auch gehst.‹ Und Jesus sagte ihm: ›Die Füchse haben Höhlen und die Vögel des Himmels Nester, der Menschensohn aber hat nichts, wo er seinen Kopf hinlegen könnte.‹«

Die Logienquelle denkt bei dem Begriff »Menschensohn« aber auch an eine Figur aus dem Buch Daniel. Das Buch Daniel, das zum Alten Testament gehört, ist in der ersten Hälfte des 2. Jahrhunderts v. Chr. entstanden. Damals verbreiteten in Judäa griechisch-syrische Besatzer, die Seleukiden, aggressiv griechische Kultur und unterdrückten schließlich blutig den jüdischen Glauben. Als Reaktion darauf erhoffen die Visionen des Danielbuches ein endzeitlich-endgültiges Eingreifen Gottes:

»Da kam mit den Wolken des Himmels einer wie ein Menschensohn. (...) Ihm wurden Herrschaft, Würde und Königtum gegeben. Alle Völker, Nationen und Sprachen müssen ihm dienen. Seine Herrschaft ist eine ewige, unvergängliche

Herrschaft. Sein Reich geht niemals unter.« (Daniel 7,13f)

Mit dem Kommen dieses Gesandten Gottes, der die judenfeindliche Fremdherrschaft beseitigt, ist bereits im Danielbuch die Erwartung verbunden: »Dann aber wird Gericht gehalten.« (Daniel 7,26)

Der Rächer der Gerechten

In den im 1. Jahrhundert v. Chr. entstandenen Teilen des äthiopischen Henochbuches – es gehört zur jüdischen Apokalyptik, für welche die Vorausschau der Endzeit typisch ist – wird der Menschensohn ausführlich als Richter über die Menschen geschildert:

»Ich fragte den Engel, der mit mir ging und mir alle Geheimnisse zeigte, über jenen Menschensohn, wer er sei, woher er stamme (...). Er gab mir zur Antwort: Dies ist der Menschensohn, der die Gerechtigkeit besitzt, bei dem die Gerechtigkeit wohnt und der alle Schätze der Geheimnisse offenbart; denn der Herr der Geister (= Gott) hat ihn auserwählt und sein Los übertrifft durch Rechtschaffenheit in Ewigkeit alles vor dem Herrn der Geister. Dieser Menschensohn, den du sahst, macht die Könige und Machthaber von ihren Lagern und die Starken von ihren Thronen aufstehen; er löst die Zügel der Starken und zermalmt der Sünder Zähne. Er verstößt die Könige von ihren Thronen und aus ihren Reichen.« (Äthiopisches Henochbuch 46,2–5)

»Und in jener Stunde wurde der Menschensohn vor dem Herrn der Geister genannt. (...) Denn er

behütet das Los der Gerechten; denn diese haßten und verachteten diese Welt der Ungerechtigkeit und haßten auch alle ihre Werke und Wege im Namen des Herrn der Geister. In seinem Namen werden sie gerettet, und er ist der Rächer ihres Lebens. In jenen Tagen sind die Könige der Erde und die Mächtigen, die das Land besitzen, wegen ihrer Hände Taten niedergeschlagen, denn sie können am Tag ihrer Angst und Not ihre Seele nicht retten.« (Äthiopisches Henochbuch 48,2.7–8)

Wie ein Blitz

Die Logienquelle ist der Überzeugung, daß Jesus am Ende der Zeiten als dieser Menschensohn wiederkommen wird. Daher ist von ihm mehrmals am Schluß der Logienquelle die Rede, der von jener Zukunft spricht, wenn Gott dieser Welt ein Ende setzt:

»Wie der Blitz vom Osten hervorkommt und bis zum Westen scheint, so wird der Tag des Menschensohns sein.« (Mt 24,27/Lk 17,24)

»Denn wie in den Tagen Noachs, so wird es auch in den Tagen des Menschensohns sein. Sie aßen, tranken, heirateten, wurden verheiratet bis zu dem Tag, an dem Noach in die Arche ging und die Flut kam und sie alle wegraffte. So wird es auch an dem Tag sein, wenn der Menschensohn offenbar wird.« (Mt 24,37–39/Lk 17,26–30)

Die Logienquelle fordert daher auf:

»Seid auch ihr bereit, denn der Menschensohn kommt zu einer Stunde, die ihr nicht erwartet!« (Mt 24,44/Lk 12,40).

Jesu Worte sind alles entscheidend
Dies ist deshalb so wichtig, weil Jesus nach Überzeugung der Loqienquelle eben derjenige ist, der im »Jüngsten Gericht«, wie spätere Theologie es genannt hat, über die Menschen urteilt. Wie jemand sich gegenüber Jesus verhält, entscheidet darüber, wie der Menschensohn sich ihm gegenüber verhält.

»Jeder, der sich zu mir vor den Menschen bekennt, zu dem wird sich auch der Menschensohn vor den Engeln bekennen; wer mich aber vor den Menschen verleugnet, der wird auch verleugnet werden vor den Engeln.« (Mt 10,32–33/Lk 12,8–9)

Von daher wird verständlich, warum die Worte Jesu so große Bedeutung gewinnen. Jesu Botschaft wird zum Maßstab, an dem sich das Gericht über die Welt ausrichtet. Ob ein Mensch sein Verhalten an Jesu Vorgaben orientiert hat oder nicht, entscheidet über sein endgültiges Schicksal:

»Was ruft ihr mich ›Herr, Herr‹ und tut nicht, was ich sage? Jeder, der meine Worte hört und sie tut, gleicht einem Menschen, der sein Haus auf dem Felsen baute; und der Platzregen fiel herab und die Flüsse kamen und die Winde wehten und prallten gegen jenes Haus, aber es stürzte nicht ein, denn es war auf dem Felsen gegründet. Und jeder, der meine Worte hört und sie nicht tut, gleicht einem Menschen, der sein Haus auf Sand baute; und der Platzregen fiel herab und die Flüsse kamen und die Winde wehten und stießen an jenes Haus, und sofort stürzte es ein, und sein Einsturz war groß.« (Mt 7,21.24–27/Lk 6,46–49).

Daß die Logienquelle verfaßt wurde, ist daher wohl – zumindest auch – Antwort auf diese Überzeugung, daß Jesus der Menschensohn ist, der wiederkommen wird zum Gericht. Ob jemand in diesem Gericht bestehen kann, hängt davon ab, ob er Jesu Worte befolgt hat. Daher ist es wichtig, Jesu Worte zu bewahren. Dies geschah zunächst, indem Christen sie mündlich weitergaben. Nun sah man sich veranlaßt, sie zusätzlich auch schriftlich festzuhalten.

Mehr als Salomo

Die Logienquelle benutzt außer dem Titel »Menschensohn« und der mit ihm verbundenen Gerichtserwartung noch andere Formulierungen und Vorstellungen, um Jesu Bedeutung auszudrükken. Am zurückhaltendsten geschieht dies in der Seligpreisung der Augenzeugen Jesu:

»Selig die Augen, die sehen, was ihr seht. Denn ich sage euch: Viele Propheten und Könige begehrten zu sehen, was ihr seht, und sahen es nicht, und zu hören, was ihr hört, und hörten es nicht.« (Mt 13,16–17/Lk 10,23–24)

Hier klingt stärker die Erwartung eines Messias und die Hoffnung auf das Kommen des Reiches Gottes durch. Der Vers erinnert an eine ähnliche Seligpreisung in den Psalmen Salomos, einer im 1. Jahrhundert v. Chr. entstandenen jüdischen Schrift:

»Selig, wer in jenen Tagen leben wird und schauen darf das Heil des Herrn, das er dem kommenden Geschlecht schafft.« (Psalmen Salomos 18,6)

Doch im Gegensatz zu dieser rund hundert Jahre älteren Sammlung verkündet die Logienquelle, daß diese Tage des Heils jetzt mit dem Auftreten Jesu angebrochen sind. Doch die Menschen, die in dieser ersehnten Zeit leben, wissen es nicht zu würdigen:

»*Die Königin des Südlands wird im Gericht mit dieser Generation auferweckt werden und sie verurteilen; denn sie kam von den Enden der Erde, um die Weisheit Salomos zu hören, und siehe, hier ist mehr als Salomo. Die Männer von Ninive werden im Gericht mit dieser Generation auferstehen und sie verurteilen; denn sie sind auf die Ankündigung des Jona hin umgekehrt, und siehe, hier ist mehr als Jona.*« (Mt 12,41–42/Lk 11,31–32)

Wieder ist vom Gericht die Rede, in dem diejenigen nicht bestehen werden, die sich nicht an Jesus orientieren. Auf die explizite Gleichsetzung Jesu mit dem Menschensohn-Weltenrichter wird jedoch verzichtet. Jesu alles überragende Bedeutung wird dadurch ausgedrückt, daß er alle Weisheit – verkörpert durch den sprichwörtlich weisen König Salomo – und alle prophetische Verkündigung, für die der Prophet Jona exemplarisch steht, in den Schatten stellt. Jesus übertrifft alles, was Israel aus seinen heiligen Schriften kennt.

Das Jona-Zeichen

Dieses Logion, das übrigens Matthäus und Lukas Wort für Wort identisch überliefert haben, ist durch das Stichwort »Jona« an den vorhergehenden Spruch angeschlossen. Er lautet:

»Er aber sagte: Diese Generation ist eine böse Generation; sie fordert ein Zeichen, aber es wird ihr kein Zeichen gegeben werden – nur das Zeichen des Jona. Denn wie Jona für die Niniviten zum Zeichen wurde, so wird es auch der Menschensohn für diese Generation sein.« (Mt 12,38–40/Lk 11,16.29–30)

Matthäus hat das Zeichen des Jona auf Tod und Auferweckung Jesu hin gedeutet. In diesem Sinn formulierte er den zweiten Satz des Spruches um:

»Denn wie Jona im Bauch des Meerungeheuers drei Tage und drei Nächte war, so wird der Menschensohn im Herzen der Erde drei Tage und drei Nächte sein.« (Mt 12,40)

Hat bereits die Logienquelle beim Zeichen des Jona an Jesu Tod und Auferweckung gedacht, so daß hier ein Indiz vorläge, daß die Verfasser von Q auch detaillierter um die Botschaft von Jesu Auferstehung wußten? Da nichts in dieser Richtung gesagt ist, läßt sich dies nicht erhärten. Eher hat Matthäus als schriftgelehrter Autor diese Deutung erst eingeführt. Liest man Mt 12,38–40/Lk 11,16.29–30 von dem nachfolgenden Spruch Mt 12,41–42/Lk 11,31–32, in dem ja auch Jona und die Niniviten auftreten, dann scheint eher Jesu Botschaft das »Zeichen des Jona« zu sein. Wie Jona die Menschen von Ninive zur Umkehr aufrief, so lädt Jesus dazu ein, sich dem Reich Gottes zuzuwenden. Und außer dieser Botschaft selbst gibt Gott den Israeliten kein anderes Zeichen, schon gar nicht irgendwelche äußeren Wunder, die Jesu Glaubwürdigkeit zusätzlich beweisen sollen.[29]

Wie die Logienquelle Jesu Bedeutung zum Ausdruck bringt – im Begriff des »Menschensohns«, in der Vorstellung vom Weltenrichter, in der Überzeugung vom Beginn der messianischen Zeit, im Vergleich mit Salomo und Jona und darin mit der Weisheit und Prophetie der heiligen Schriften Israels –, das zeigt, daß Q noch ganz im jüdischen Glauben beheimatet ist. Anders als Paulus oder die Evangelien sind die Christen der Logienquelle von den Denkweisen der griechisch-römischen Kultur kaum beeinflußt.

Sie wendeten sich mit ihrer Botschaft auch nur an Juden und riefen Israel zur Umkehr auf. Das zeigen gerade die eben zitierten bedrohlichen Worte, die sie gegen ihre Zeitgenossen richten und denen sie die Bewohner Ninives und die Königin von Saba oder, wie wir noch sehen werden, die durch und durch heidnischen Küstenstädte Tyros und Sidon vorhalten. Heiden kommen – wie der Hauptmann von Kapharnaum (Mt 7,28–29; 8,5–13/Lk 7,1–10) – nur als die Israeliten beschämende Ausnahme in den Blick. Heiden sind aber auch die negative Kontrastfolie, von deren Benehmen sich christliches Verhalten absetzen soll (Mt 5,47/Lk 6,34).

Aber auch von jüdischen Voraussetzungen her läßt die Logienquelle vieles vermissen, was wir von den Evangelien her erwarten würden. Der Titel »Christus« fehlt völlig, und Jesus wird nicht als Messias gezeichnet. Jesus erscheint als Prophet, allerdings als der endgültige, der den Anbruch des göttlichen Heils einläutet, und als der, der am Ende der Zeiten wiederkommt, zu richten die Lebenden und die Toten.

Es fehlt der Heiligenschein

Diese »Christologie« wirkt angesichts dessen, was viele christlich geprägte Menschen mit zweitausend Jahren Theologiegeschichte sozusagen im Hinterkopf erwarten, sparsam und nüchtern. Dem Jesus der Logienquelle fehlt der Heiligenschein, den bereits die Evangelien dem Mann aus Nazareth aufgesetzt haben. Der Logienquelle scheint alles fremd, was ausgehend vom Neuen Testament an theologischem Nachdenken über Jesus Christus entwickelt wurde, gerade auch in den frühen Konzilien und ihren Glaubensbekenntnissen. Wer einmal eine der gängigen Formen des Glaubensbekenntnisses, wie Christen sie im Gottesdienst beten, neben die Logienquelle legt, wird in ihr für viele Sätze keinen Anhalt feststellen. Gottes Sohn, wahrer Mensch und wahrer Gott, eines Wesens mit dem Vater, ungeschaffen, Mitwirkung an der Schöpfung, Präexistenz, Menschwerdung, geboren von der Jungfrau Maria, gestorben für unsere Sünden, hinabgestiegen in das Reich des Todes, am dritten Tag auferstanden, Aufnahme in den Himmel, Sitzen zur Rechten des Vaters, Sendung des Heiligen Geistes – das sind nur einige Stichworte, bei denen wir in Q Fehlanzeige melden müssen.

Genauso vermissen wir aber auch ganz oder bis auf geringe Spuren vieles, was in den Evangelien über das Wirken Jesu erzählt wird: Daß Jesus Menschen von Krankheit und Besessenheit heilt. Daß Jesus Tote auferweckt. Daß Jesus Wunder tut. Daß Jesus Menschen die Vergebung der Sünde zuspricht.

Kontrastprogramm zu Markus

Die rekonstruierte Logienquelle wirkt wie ein Kontrastprogramm zum Markusevangelium, das seinem eigenen Selbstverständnis zufolge den »Anfang des Evangeliums Jesu Christi, des Sohnes Gottes« schildert. Neben der Gottessohnschaft Jesu ist die Leidensgeschichte Jesu das zweite große Thema des Markus. Ein Drittel seines Evangeliums ist den letzten Tagen Jesu gewidmet. Zielstrebig steuert das Werk auf die Passion zu. Schon in Vers 6 des 3. Kapitels erzählt Markus, daß Jesu Gegner ihn töten wollten. Auf dem Weg nach Jerusalem kündigt Jesus dreimal, zum Teil recht detailliert sein Leiden und Sterben an (Mk 8,31; 9,31; 10,32–34). Nach Jesu Einzug in die Hauptstadt wird mehrmals gesagt, daß seine Feinde ihn beseitigen möchten (Mk 11,18; 12,12; 14,1–2).

Bereits durch die Überschrift (Mk 1,1) weiß die Leserschaft des Markusevangeliums, daß Jesus der Christus, jüdisch gesprochen der Messias, und der Sohn Gottes ist. Bei der Taufe wird Jesus von Gott als »mein geliebter Sohn« bezeichnet (Mk 1,11). Dies hört nur Jesus selbst – und da Markus es ihr erzählt, die Leserschaft! Die Dämonen erkennen dann als erste, wer Jesus in Wahrheit ist (Mk 1,26–27; 3,11–12; 5,7). In der Mitte des Evangeliums führt Markus seine beiden Hauptthemen zusammen, indem er Jesu erste Leidensankündigung mit dem Messiasbekenntnis des Petrus (Mk 8,27–30) kombiniert. Typisch für das Markusevangelium ist, daß Petrus und die Jünger Jesu Messianität mißdeuten (Mk 8,32–33) und seine Leidensankündigungen nicht verstehen (Mk 9,32). Erst in der Passion enthüllt sich der Zusammenhang. Als wehrloser und schuldlos verleumdeter Angeklagter bekennt Jesus vor dem Hohenpriester, daß er »der Christus, der Sohn des Hochgelobten« sei (Mk 14,61–62). Unter dem Kreuz wird Jesu Identität schließlich in aller Öffentlichkeit offengelegt: »Als der Hauptmann, der dabeistand ihm gegenüber, sah, daß er auf solche Weise gestorben war, sagte er: ›Wahrhaftig, dieser war der Sohn Gottes.‹« (Mk 15,39) Als der Gekreuzigte ist Jesus der Sohn Gottes. Erst sein Leiden und Tod machen verständlich, wer und was dieser Jesus Christus ist.

Gleichwohl läßt Markus Jesu Identität auch in dessen Wirken immer schon durchblicken. Jesus hat Macht über die Dämonen; er treibt sie aus den Menschen aus, von denen sie Besitz ergriffen haben. Jesus bringt Heil, und zwar ganz konkret, indem er Kranken Heilung verschafft. Jesus spricht Menschen die Vergebung ihrer Sünden zu. Jesus hat Macht über den Tod, wenn er Tote zum Leben erweckt, und Macht über die Naturgewalten, wenn er etwa dem Sturm gebietet. Markus schreibt

Jesus also, indem er solche Geschichten erzählt, Eigenschaften zu, die Gott zukommen.

Kontrastprogramm zu Paulus

Die rekonstruierte Logienquelle bietet auch ein Kontrastprogramm zu Paulus. Wie für Markus ist für Paulus Jesus wesentlich Sohn Gottes. Große Bedeutung hat für den Apostel die »Karriere« des Gottessohnes. Er hat nicht an seiner privilegierten Stellung festgehalten, sondern sie bewußt aufgegeben, hat sich erniedrigt und sich in die äußersten Tiefen menschlicher Existenz begeben; das hat Gott honoriert und ihn über alle und alles erhöht. Im Brief an die Philipper 2,6–11 zeichnet Paulus eine fast mythische Geschichte, die der Logienquelle offensichtlich fremd ist. Jesus tritt als Prophet auf; über ein jenseitiges Vorleben wird in Q nicht spekuliert.

Daß Jesus der Sohn Gottes ist, hat für Paulus entscheidende Bedeutung für das Heil der Menschen. Der Sohn Gottes wird Mensch, um die Menschen zu Söhnen Gottes zu machen, und dies versteht Paulus als einen Akt der Befreiung (Brief an die Galater 4,4–7). Der Apostel konzentriert sich in seiner Verkündigung von Christus ganz auf Kreuz und Auferstehung. Die Einzelheiten des Auftretens der historischen Person Jesus von Nazareth spielen bei ihm kaum eine Rolle. Ob jemand die Botschaft von Kreuz und Auferstehung annimmt und ob er Jesus als »Herrn«, das heißt als göttlich, anerkennt, entscheidet bei Paulus über Heil oder Unheil. Diese Botschaft widerspricht, wie Paulus selbst weiß, jeder Logik. Dennoch bedeutet, sie zu akzeptieren, Leben. Wer sie ablehnt, verwirkt seine Existenz. Dabei spielt eine wichtige Rolle, daß nach Paulus' Deutung Jesus »für unsere Sünden« gestorben ist (1. Brief an die Korinther 15,1). Der Sohn Gottes nimmt stellvertretend und zugunsten der Menschen den Tod auf sich, und dies ermöglicht den Menschen neues Leben.

Die Logienquelle dagegen spricht nicht von Passion und Auferstehung, auch wenn sie natürlich Voraussetzungen ihres Glaubens sind, daß Jesus der künftige Weltenrichter sein wird. Jesus ist nicht für unsere Sünden gestorben, sondern erleidet das traurige Ende vieler Propheten. Dennoch ist Jesu Tod nicht das Ende, sondern er kommt wieder, zu richten die Lebenden und die Toten. Paulus betreibt die Verkündigung des Auferstandenen, Q dagegen legt den Nachdruck auf Jesu eigene Verkündigung. Was Jesus zu sagen hatte, ist der Logienquelle nicht nur Grundlage des Christentums, sondern letztlich für alle Menschen das Kriterium für recht und unrecht, gut und böse, heil und unheil.

Wunder kommen kaum vor

Vieles, womit Menschen heute nicht zurechtkommen, begegnet uns in der Logienquelle nicht. Wunder und Exorzismen werden nicht breit geschildert. Der Jesus, der Menschen heilt und von Besessenheit befreit, wird vermißt. Er kommt nur in der Episode über den Hauptmann von Kapharnaum vor (Mt 8,5–10/Lk 7,1–10). Doch dabei steht nicht Jesu heilsames Wirken im Vordergrund, sondern der Glaube des hilfesuchenden Offiziers. Zudem ist der Text als ein erzählendes Stück für Q eher untypisch.

Die Überhöhung des Menschen Jesus wirkt im Vergleich zu den Evangelien zurückgenommen. Jesus wird nicht beschrieben – schon gar nicht triumphal –, sondern durch das charakterisiert, was er zu sagen hat. Das hat den Vorzug, daß einem Leser, einer Leserin der Logienquelle nicht so stark wie in den Evangelien vorgegeben wird, als wen er oder sie Jesus sehen soll. Fordern die Evangelien Zustimmung zu ihrer Deutung Jesu – oder erzwingen andererseits Ablehnung –, gibt die Logienquelle – zumindest dem heutigen Betrachter – zunächst Spielraum, seine eigenen Schlüsse zu ziehen. Zugleich ermöglicht sie eher als die Evangelien zwar keinen unmittelbaren Zugang, aber eine direktere Annäherung an Jesu eigene Verkündigung.

Gleichwohl erlaubt die Logienquelle sozusagen den Einstieg in die Evangelien, da sich Anknüpfungspunkte bieten. Auch wenn dies nicht so in den Vordergrund gerückt wird wie etwa bei Markus, weiß Q darum, daß Jesus Dämonen austreibt (Mt 9,32–34; 12,22–30/Lk 11,14–23; Mt 12,43–45/Lk 11,24–26). Auch in Q setzt sich Jesus kritisch mit Pharisäern, gegen deren Reinheitsideal er polemisiert, und Gesetzeslehrern auseinander (Mt 23,4.6.13.23–27.29–32/Lk 11,39–44.46–48). Der Jesus in Q übt an einer Stelle Kritik an der praktischen Umsetzung des Sabbatgebots (Mt 12,11–12/Lk 14,5). Er erzählt das Gleichnis vom verlorenen Schaf, dem der Hirte nachgeht (Mt 18,10–14/Lk 15,1–7) und Gleichnisse vom Reich Gottes, die dessen unscheinbare Anfänge mit seiner alles beherrschenden Zukunft in Kontrast setzen (Mt 13,31–33/Lk 13,20–24).

Jesus bleibt fremdartig

Einen Jesus, der mit den scheinbaren Plausibilitäten moderner Denkgewohnheiten und Lebenseinstellungen kompatibel wäre, darf man sich von der Logienquelle nun aber auch nicht erwarten. Das dürfte nach dem bisher Gesagten klar sein. Ein Weltenrichter, der mit jedem genau abrechnet, ob er sich an seine, Jesu Worte gehalten hat oder nicht, dürfte heute kaum viel Sympathien ernten – als religiöses Idol schon gar nicht. Zumal in Q im Munde Jesu immer wieder Warnungen, Mahnungen und Gerichtsdrohungen begegnen. Die Funktion, für Unterscheidung zu sorgen, weist einführend Johannes der Täufer Jesus zu:

»*Er hat seine Worfschaufel in seiner Hand, und er wird seine Tenne reinigen, und er wird den Weizen in seine Scheune sammeln, die Spreu aber wird er in unauslöschlichem Feuer verbrennen.*« (Mt 3,12/Lk 3,17)

In Q entspricht dies auch dem Selbstverständnis Jesu:

»*Meint ihr, daß ich gekommen bin, um Frieden auf die Erde zu bringen? Ich bin nicht gekom-*

men, Frieden zu bringen, sondern das Schwert.« (Mt 10,34/Lk 12,51)

Die Alternative »Frohbotschaft statt Drohbotschaft« würde bei Q hoffnungslos an ihre Grenzen stoßen, da dort beides nicht zu trennen ist.

Der Jesus der Logienquelle scheint in seiner christologischen Bescheidenheit heutigem Empfinden nahe zu sein. Als Verkündiger kommt er aus einer fernen, fremden Zeit. Seine Botschaft steht oft quer zu dem, was man erwartet. Dadurch kann sie freilich eine reizvolle Anfrage sein.

Exkurs: Hat Jesus überhaupt gelebt?

Die Skepsis gegenüber dem Christentum ist, wie wir in der Einleitung schon angesprochen haben, in manchen Kreisen so groß, daß sie Jesus von Nazareth für eine reine Märchenfigur halten. Was über ihn gesagt werde, seien Sagen und Legenden ohne geschichtlichen Wert. Bisweilen geht das Mißtrauen selbst bei kulturell gebildeten Menschen so weit, sogar die Existenz Jesu zu bezweifeln. Man könne nicht wissen, ob dieser Jesus von Nazareth jemals gelebt habe. Es sei doch viel wahrscheinlicher, daß die frühen Christen, die Apostel, Paulus oder sonst wer die Figur des Nazareners, um die sich so aberwitzige Geschichten rankten, erfunden hätten.

Vor jeder Bewertung der Quellen ist zunächst einmal festzuhalten: Die Quellenlage zu Jesus von Nazareth ist außerordentlich breit. Nur über wenige Menschen der Antike haben wir so viele Nachrichten wie über Jesus. Selbst von manchen römischen Kaisern – insbesondere aus der Spätzeit Roms – wissen wir wesentlich weniger. Von einigen Gegenkaisern, die nur in einer literarischen Quelle belegt sind, bezweifelten Historiker, daß es sie jemals gegeben hat – bis der Fund von Münzen mit ihrem Bild und Namen ihre Existenz bewies.[30]

Im Vergleich dazu ist die schriftliche Überlieferung über Jesus von Nazareth ausgesprochen komfortabel. Allein im Neuen Testament haben wir vier verschiedene Darstellungen Jesu aus der Feder von vier verschiedenen Autoren: die Evangelien. Und diese stehen für zumindest drei voneinander unabhängige Traditionsstränge: erstens die Überlieferung, die über Markus zu Matthäus und Lukas verläuft, zweitens die Überlieferung, die über Q zu Matthäus und Lukas weitergegeben wurde, drittens die Überlieferungen, die im von den drei synoptischen Evangelien unabhängigen Johannesevangelium ihren Niederschlag gefunden haben. Dazu kommen sporadische Nachrichten in der Briefliteratur des Neuen Testaments, etwa in den Briefen des Paulus[31]. Historisch unvoreingenommen zu prüfen ist natürlich auch der Inhalt all jener Schriften, die von Jesus sprechen, aber nicht ins Neue Testament aufgenommen wurden, wie des Thomasevangeliums, von dem wir bereits gesprochen haben.[32]

Jenseits von Bibel und Christentum: Zeugen für die Existenz Jesu

Allerdings stehen die Evangelien bei denen, die meinen, es gäbe keine zutreffenden Nachrichten über Jesus, oft pauschal unter Ideologieverdacht. Gestehen wir dies einmal als Gedankenexperiment zu, so haben wir selbst dann immer noch Nachrichten über Jesus. Denn meist wird übersehen: Es gibt auch Zeugnisse über Jesus, die nicht aus der Bibel und nicht einmal aus dem Christentum stammen.

Das Zeugnis des jüdischen Geschichtsschreibers Flavius Josephus[33]

Das bekannteste nichtchristliche antike Zeugnis über Jesus stammt von dem jüdischen Geschichtsschreiber Flavius Josephus (37/38 bis zirka 100 n. Chr.)[34], einem Zeitgenossen der Evangelisten. In seinem 93/94 n.Chr. veröffentlichten Werk *Antiquitates Judaicae* kommt er im 18. Buch auf Jesus zu sprechen:

»*Zu dieser Zeit lebte Jesus, ein weiser Mann, wenn man ihn überhaupt einen Menschen nennen darf. Er war nämlich ein Vollbringer außergewöhnlicher Taten, ein Lehrer von Menschen, die mit Lust die Wahrheit aufnahmen, und zog nicht nur viele Juden, sondern auch viele aus dem Griechentum an sich. Der Christus war er. Auch als ihn auf eine Anzeige der bei uns führenden Männer hin Pilatus zum Kreuz verurteilt hatte, ließen die, die ihn zuerst geliebt hatten, nicht von ihm ab. Denn er erschien ihnen am dritten Tag wieder lebend, wie gottgesandte Propheten dies und unzählige andere wunderbare Dinge über ihn vorhergesagt hatten. Und noch bis jetzt ist der Stamm der nach ihm so benannten Christen nicht verschwunden. Zu dieser gleichen Zeit beunruhigte etwas weiteres Schreckliches die Juden.*« (Jüdische Altertümer 18,63–65)[35]

Dieser Text wurde Christen später so wichtig, daß sie ihm einen eigenen Namen gaben: *Testimonium Flavianum*, »Zeugnis des Flavius«. Der uns überlieferte Text bereitet allerdings einige Probleme:

Klar ist, daß einige der Aussagen nicht von einem Juden stammen können: Daß Jesus der Christus, das heißt der Messias, war. Daß man Jesus nicht einfach einen Menschen nennen dürfte. Daß er nach seinem Tod am dritten Tag seinen Anhängern als Lebender erschienen ist, wie das die Propheten vorhergesagt hätten.

Andere Aussagen sind einem Christen nicht zuzutrauen: Wenn etwa Jesus als weiser Mann bezeichnet wird, ist das für einen Christen wohl zuwenig. Ein Christ würde jüdische Autoritäten nicht »*unsere* führenden Männer« nennen.

Merkwürdig ist die Bezeichnung der Christen als ein *(Volks-)Stamm*, der überraschenderweise nicht wieder verschwunden ist.

Daher geht die Forschung davon aus, daß christliche Abschreiber den ursprünglichen Text des Josephus verändert haben. Dafür spricht, daß der heute geläufige Text erstmals in Zitaten auftaucht, die der Kirchengeschichtsschreiber Eusebius von Cäsarea (vor 264/265–339/340 n. Chr.) in seinen Werken bietet. Die ältesten Abschriften, die uns von den Werken des Josephus erhalten sind, stammen nämlich erst aus dem 9. und 10. Jahrhundert. Aber schon im 2. und 3. Jahrhundert kannten christliche Autoren Josephus' Schriften. Keiner von ihnen referiert, Josephus habe Jesus für den Christus gehalten. Im Gegenteil bemerkt

Origines (185–254 n. Chr.) zweimal, daß Josephus »Jesus nicht als Messias anerkennt« (Gegen Celsus 1,47; vgl. Matthäuskommentar zu Mt 10,17). Auch gibt es einzelne Zitate jener Josephus-Stelle über Jesus, die im Wortlaut von der bekannten, oben wiedergegebenen Fassung abweichen. So zitiert Hieronymus (342–429 n. Chr.) Josephus mit der Aussage über Jesus: »Er wurde für den Messias gehalten.«

Trotzdem enthält der Text wichtige Informationen: Josephus sieht in Jesus eine historische Person. Er ordnet sie wie die Evangelien unter Pontius Pilatus ein. Denn die – für Josephus übrigens typische – Einleitungsfloskel »zu dieser Zeit« reiht die Nachricht über Jesus in eine Folge von Ereignissen ein, die Josephus in die Amtszeit des Pilatus datiert.

Wie er von Jesus tatsächlich gesprochen hat, läßt sich aus einer zweiten Stelle ersehen, an der Josephus über Jakobus schreibt. Diesen nennt er den »Bruder des Jesus, des sogenannten Christus«. Diese Formulierung beweist, daß Josephus vorher von Jesus gesprochen haben muß. Denn der erläuternde Zusatz hilft der Leserschaft nur, wenn Josephus bereits, und zwar ausführlicher, von »Jesus, dem sogenannten Christus« berichtet hat. Auch im Testimonium selbst legt die Bemerkung über den »Stamm der nach ihm so benannten Christen« nahe, daß bereits Josephus selbst – und nicht erst ein christlicher Abschreiber – den Christus-Titel erwähnte. Möglicherweise bot ihn Josephus wie einen Beinamen: »Er wurde (der) Christus genannt.« Zumal nichtjüdische Leser – ohne ausführliche Erläuterung – nicht wissen konnten, daß »Christos« die griechische Übersetzung des hebräischen Messias-Titels war.

Möglicherweise hat Josephus den Nazarener sogar eher negativ gesehen. Denn zu dem nächsten Ereignis aus der Amtszeit des Pilatus leitet er mit der Bemerkung über: »Zu dieser gleichen Zeit beunruhigte etwas weiteres Schreckliches die Juden.« Das paßt zu der ganzen Passage über Pilatus. In ihr erzählt Josephus ausschließlich von Vorfällen, die für die Juden unangenehme Folgen haben (Pilatus setzt sich über das jüdische Bilderverbot hinweg; Pilatus unterdrückt blutig Proteste von Juden; die Juden werden aus Rom vertrieben; Pilatus schlägt einen Aufstand in Samarien nieder). Die Episode, die in Samarien spielt, erzählt zudem, wie die Samaritaner einem religiösen Betrüger auf den Leim gehen. Es ist die sechste von insgesamt sechs Episoden. Das Testimonium Flavianum ist der dritte Text in der Abfolge. Sollte Josephus – in einer parallelen Anordnung der Episoden – Jesus auch als einen religiösen Verführer gesehen haben? Jedenfalls verbindet er Jesu Auftreten mit dem Stichwort »Unruhe« und bezeichnet alle anderen Ereignisse, die er aus Pilatus' Provinz berichtet, als Unruhen. Der jetzige Text rechtfertigt eine solche Charakterisierung nicht, doch mag dies auf das Konto der christlichen Abschreiber gehen, die wohl nicht nur hinzugefügt und geändert, sondern auch manches weggelassen haben.

Josephus stellt Jesus als einen Weisheitslehrer dar. Das trifft sich mit den Evangelien insoweit, als sie eine ausgeprägte Lehrtätigkeit Jesu schildern.

Interessant ist Josephus' Aussage über Jesu Ende: Auf eine Anzeige jüdischer Autoritäten hin verurteilt der römische Statthalter Pilatus ihn zum Tod am Kreuz. Das steht in Spannung zu den Evangelien, die versuchen, Pilatus' Verantwortung abzuschwächen, und die Hauptschuld beim Hohen Rat und dem von ihm beeinflußten Volk suchen. Das widerspricht aber auch einer heute gängigen Meinung, die – in der zweifellos edlen, darin aber ideologischen Absicht, christlichen Antijudaismus zu verhindern – den Römer und seine Soldaten als alleinige Akteure sehen. Josephus' Angabe bestätigt aber den Ablauf des Prozesses Jesu, wie ihn Historiker heute rekonstruieren.

Andere Aussagen beruhen offenbar auf Kenntnissen des Josephus über die Christen: Daß es sie gab, sagt der Text ganz klar. Vielleicht wußte Josephus um die christliche Gemeinde in Rom, wo der Autor lebte und seine Werke verfaßte. Daß Jesu Anhänger ihm die Treue über den Tod hinaus hielten, meint wohl den Auferstehungsglauben. Vielleicht hatte Josephus in seinem Text ja auch eine Passage über die Berufung der Christen auf Erscheinungen des Auferstandenen (wie wir dies etwa von Paulus aus dem 1. Brief an die Korinther 15 kennen). Daß Jesus viele Anhänger auch unter Griechen hatte, meint möglicherweise erst christliche Gemeinden (muß es aber nicht).

Das Zeugnis des römischen Historikers Tacitus[36]

Der römische Historiker P. Cornelius Tacitus (55 oder 57 bis nach 118 n. Chr.) berichtet in seinen zwischen 105 und 110 n. Chr. verfaßten *Annalen* vom Brand Roms unter Kaiser Nero. Im Zusammenhang mit dem Gerücht, Nero selbst habe den Brand legen lassen, kommt Tacitus auf die Christen und auf Christus zu sprechen:

»Also schob Nero, um diesem Gerede ein Ende zu machen, die Schuld auf andere und bestrafte sie mit den ausgesuchtesten Martern. Es waren jene Leute, die das Volk wegen ihrer (angeblichen) Schandtaten haßte und mit dem Namen ›Chrestianer‹ belegte. Dieser Name stammt von Christus, der unter Tiberius vom Prokurator Pontius Pilatus hingerichtet worden war. Dieser verderbliche Aberglaube war für den Augenblick unterdrückt worden, trat aber später wieder hervor und verbreitete sich nicht nur in Judäa, wo er aufgekommen war, sondern auch in Rom, wo alle Gräuel und Abscheulichkeiten der ganzen Welt zusammenströmen und geübt werden.« (Annalen 15,44,3).[37]

Wie Josephus leitet Tacitus – völlig zutreffend – die Christen von der historischen Person des Mannes aus Nazareth ab. Tacitus nennt ihn »Christus«, was er als Eigenname versteht. Diesen Namen liest Tacitus als »Chrestus«, wie die Bezeichnung »Chrestianer« verrät. Das griechische Wort Chrestos (»der Tüchtige«) war in der Antike ein geläufiger Sklavenname. Zudem wurde damals Chrestos und Christos gleich ausgesprochen, weil man den griechischen Buchstaben Eta (ä) als i aussprach. Den Namen »Jesus« kennt Tacitus nicht. Auch Tacitus nennt die Hinrichtung auf Veranlassung des Pontius Pilatus unter Kaiser Tiberius (14–37 n. Chr.).[38] Beachtenswert ist Tacitus' Wissen, daß der christliche Glaube aus Judäa nach Rom gekommen ist. Die Darstellung ist freilich geprägt von Tacitus' Ablehnung aller orientalischen Einflüsse auf die Römer.

Das Zeugnis des römischen Biographen Sueton

C. Suetonius Tranquillus (um 70 bis zirka 130 n. Chr.), der als Archivar und Kanzleichef am Hof der Kaiser Trajan und Hadrian arbeitete, verfaßte Biographien aller zwölf Kaiser von Cäsar bis Domitian. In der Lebensbeschreibung des Claudius erwähnt er die von diesem Herrscher verfügte Ausweisung der Juden aus Rom:

»Die Juden, die von Chrestos aufgehetzt fortwährend Unruhe stifteten, vertrieb er aus Rom.« (Claudius 25,4)

Der Lesefehler des Tacitus legt nahe, daß auch sein Zeitgenosse Sueton mit Chrestus Christus meint. Offenbar hält er ihn für einen Aufrührer aus dem Sklavenstand, der unter Kaiser Claudius (41–54 n. Chr.) bei den Juden in Rom auftrat. Tatsächlich handelte es sich wohl um Auseinandersetzungen, die durch Juden, die sich zu Christus bekannten, in der jüdischen Gemeinde entstanden.

Die Ausweisung der römischen Juden wird auch im Neuen Testament genannt – als Grund, aus dem das christliche Ehepaar Aquilas und Priszilla von Rom nach Korinth übersiedelt (Apostelgeschichte 18,2).

Gerade das Mißverständnis des Titels »Christus« spricht für die Zuverlässigkeit der Notizen. Die beiden römischen Autoren Tacitus und Sueton griffen Nachrichten auf, ohne das notwendige Hintergrundwissen über Juden und Christen zu besitzen.

Gerd Theißen und Annette Merz führen in ihrem Buch »Der historische Jesus« noch zwei weitere, relativ unbekannte Belege an:[39]

Das Zeugnis des syrischen Philosophen Mara bar Sarapion

Wahrscheinlich bald nach 73 n. Chr. schrieb der Syrer Mara bar Sarapion, der der Stoa, einer antiken Schulrichtung in der Philosophie, anhing, aus römischer Gefangenschaft einen Brief an seinen Sohn. Darin zeigt er unter anderem auf, daß die Weisen in einer Welt voller Gewalt und Verleumdung verfolgt werden, die Weisheit selbst aber unüberwindlich ist:

»Was hatten die Athener für einen Nutzen davon, daß sie Sokrates töteten, was ihnen mit Hungersnot und Pest vergolten wurde? Oder die Samier von der Verbrennung des Pythagoras, da ihr ganzes Land in einem Augenblick vom Sand verschüttet wurde? Oder die Juden von der Hinrichtung ihres weisen Königs, da ihnen von jener Zeit an das Reich weggenommen war? Denn

gerechtermaßen nahm Gott Rache für jene drei Weisen: die Athener starben Hungers, die Samier wurden vom Meere bedeckt, die Juden umgebracht und aus ihrem Reiche vertrieben, leben allenthalben in der Zerstreuung. Sokrates ist nicht tot: wegen Platon, noch Pythagoras: wegen der Herastatue, noch der weise König: wegen der neuen Gesetze, die er gegeben hat.«

Der weise König der Juden ist zweifellos Jesus von Nazareth. Das ergibt sich daraus, daß Mara bar Sarapion dessen Hinrichtung mit der Vertreibung der Juden aus ihrer Heimat und mit ihrer Zerstreuung in Zusammenhang bringt. Damit ist das Ergebnis des 1. Jüdischen Krieges (66–74 n. Chr.) gemeint, als die Römer die abtrünnige Provinz Judäa verwüsteten, Jerusalem völlig zerstörten, zahllose Menschen umbrachten oder als Sklaven verschleppten.

Mara bar Sarapion sieht Jesus als einen herausragenden Menschen, der zum Märtyrer wird, und stellt ihn berühmten Persönlichkeiten an die Seite.[40] Zweifelsohne ist Jesus für ihn eine historische Person, keine Sagengestalt.

In den Details scheint Mara bar Sarapion von christlichen Informationen abhängig zu sein. Daß er die Zerstreuung der Juden als Strafe für Jesu Tod deutet, entspricht einer damals unter Christen verbreiteten Ansicht. Auch daß allein die Juden für Jesu Hinrichtung verantwortlich seien, muß aus christlicher Quelle stammen.

Interessant ist aber, daß der Syrer um Jesu Hinrichtung weiß. Daß er Jesus als König bezeichnet, könnte in diesem Zusammenhang auf die Kreuzesinschrift zurückgehen.

Ganz auffällig ist Maras Einschätzung, Jesus wirke durch die neuen Gesetze nach, die er gegeben hat. Als Gesetzgeber bzw. mit Vollmacht ausgestatteten Interpreten der Gesetze porträtiert das – ebenfalls aus Syrien stammende – Matthäusevangelium Jesus.

Das Zeugnis des Historikers Thallus

Der Wissenschaftler Julius Africanus (um 160 bis nach 240 n.Chr.) verfaßte die erste christliche Weltchronik, die die Weltgeschichte von der Erschaffung der Welt bis ins Jahr 217 n.Chr. darstellt. In ihr bezieht er sich an einer Stelle auf die – heute fast vollständig verlorengegangene – Weltgeschichte, die der nichtchristliche Historiker Thallus nach 52 n.Chr. geschrieben hat. Julius Africanus referiert, was Thallus über die Finsternis sagt, die laut Lukas 23,44 bei Jesu Tod ausgebrochen sei:

»Diese Finsternis nennt Thallus im dritten Buch der Historien eine Sonnenfinsternis. Wie mir scheint, gegen vernünftige Einsicht.«

Thallus kannte demnach ein Detail der Passionserzählung und versuchte, das nach christlicher Darstellung übernatürliche Phänomen naturwissenschaftlich zu erklären. Julius Africanus widerlegt dann Thallus' Argument mit dem Hinweis, daß Jesus am Passafest starb, das heißt während des Frühlingsvollmonds; bei Vollmond aber kann es keine Sonnenfinsternis geben.

Über Thallus ist sonst nichts bekannt. Möglicherweise ist er mit einem Thallus aus Samarien, einem reichen Freigelassenen des Kaisers Tiberius, identisch, den Flavius Josephus erwähnt. Dann ist denkbar, daß Thallus Überlieferungen über Jesu Tod kannte, *bevor* sie in den Evangelien verarbeitet wurden. Sein Zeugnis hätte dann ähnlichen Wert wie im Neuen Testament die Stelle im 1. Brief an die Korinther 11,23. Dort leitet Paulus Jesu Abendmahlsworte mit der Datierung ein: »In der Nacht, als er verraten wurde ...« Das zeigt, daß Paulus – einige Jahre bevor die Evangelien verfaßt wurden – mehr Einzelheiten über Jesu Passion kannte, als er in den uns erhaltenen Briefen wiedergibt.

Zweifellos eine Person der Geschichte

Fünf nichtchristliche Zeitgenossen Jesu bzw. der ersten Christen erwähnen in ihren Schriften Jesus von Nazareth. Ihre Notizen sind nicht voneinander abhängig, teilweise stammen die Personen aus ganz unterschiedlichen Milieus. Alle sprechen aber von Jesus ganz eindeutig als einer historischen Person ihrer jüngsten Vergangenheit; Jesus ist ein Mensch, der tatsächlich gelebt hat, keine Sagenfigur, kein Halbgott einer mythischen Erzählung, nicht der Held eines obskuren Kults.

Auffällig ist auch, daß die Notizen – außer die Suetons – Details über Jesu Todesumstände enthalten. Die Informationen stimmen teilweise mit Darstellungen in den Evangelien überein, ohne aus diesen zu stammen. Sie weisen somit auf Überlieferungen hin, die älter als die Evangelien und damit zeitlich näher am Geschehen sind.

III. Umwertung der Werte

»Selig die Armen!« – Jesus stellt die Ordnung auf den Kopf

Jesu Verkündigung beginnt in der Logienquelle mit einem der berühmtesten Texte der Bibel, mit der Seligpreisung der Armen:

»Und er sagte zu seinen Jüngern: Selig die Armen! Denn euch gehört das Reich Gottes. Selig die Hungernden! Denn ihr werdet satt werden. Selig die Trauernden! Denn ihr werdet getröstet werden.«

Die Logienquelle schafft so eine starke Eröffnung für die Worte Jesu. Denn voraus gehen ausschließlich vorbereitende und für Q ungewöhnlich erzählende Texte: Jesu Ankündigung durch Johannes den Täufer, Jesu Taufe, Jesu Versuchung durch den Teufel. Die Seligpreisung der Armen, Hungernden und Trauernden ist Jesu erstes Wort in Q, und an Jesu Worten soll der Mensch sich ja orientieren. Die drei Seligpreisungen sind quasi eine Überschrift, ein Leitwort, ein Schlüssel zum Verständnis aller übrigen in Q gesammelten Jesus-Worte.

Der Gott der Zukurzgekommenen

Zum Verständnis der Seligpreisungen in Q ist wichtig zu sehen, daß sie echte Notlagen meinen.

Während Matthäus sie in Seligpreisungen ethischer Tugenden oder spiritueller Haltungen umgestaltet hat (»Arme im Geiste« = Demütige vor Gott; »Hungernde nach Gerechtigkeit«), spricht Q von materiell Armen und aufgrund von Nahrungsmangel Hungernden. Anders als Lukas kennt Q auch nicht den Gegensatz zwischen »*jetzt* hungern« und »*jetzt* weinen« und *künftig* satt werden und lachen und sich »*an jenem Tage* freuen«. In Q kündigen die Seligpreisungen eine unmittelbar bevorstehende Verbesserung der Situation der Hungernden und Trauernden an, nicht einen jenseitigen Lohn.

Die Seligpreisungen, so wie sie Q bietet, stellen alle gängigen Erwartungen auf den Kopf. Wir müssen uns nicht einmal sehr in die Verhältnisse zur Zeit Jesu hineindenken, um zu wissen, daß Arme, Hungernde und Trauernde alles andere als selig oder – wie man das griechische Wort auch übersetzen kann – glücklich zu preisen sind. Die verblüffenden Aussagen haben ihren Grund darin, daß die Seligpreisungen vom Reich Gottes sprechen. Und das Reich Gottes hat, wie wir bereits gesehen haben, nach Überzeugung derer, die die Logienquelle zusammengestellt haben, mit Jesus begonnen. Dann sind die Seligpreisungen aber auch eine bezeichnende Aussage über das Reich Gottes: In Q bedeutet das Reich Gottes eine Umwertung der Werte. Gott wendet sich, indem er sein Reich errichtet, gerade denen zu, die unter den Herrschern dieser Welt zu kurz gekommen sind. Jesus und in seinem Gefolge Q akzentuieren so das in den verschiedensten Kreisen des Judentums allenthalben erwartete Eingreifen Gottes in die Geschichte – das meint die Rede, daß die Herrschaft Gottes anbricht oder das Reich Gottes (die beiden deutschen Formulierungen sind im Griechischen ein Begriff: *basileia*) errichtet wird – neu. Es bringt nicht die Befreiung Israels von den Heiden und setzt auch nicht die Gerechten und Frommen in Macht. Gottes Intervention gilt nicht dem Tempel und nicht der Heiligkeit und Reinheit des Landes Israel. Gott greift ein zugunsten derer, die es nach verbreiteten Maßstäben vielleicht nicht verdient, aber verdammt nötig haben.

Mehr wert als ein Spatz

Jesu Botschaft ist der Logienquelle zufolge voller Aussagen, daß Gott den Benachteiligten seine besondere Aufmerksamkeit schenkt. Denen, die nicht wissen, wie sie ihren Lebensunterhalt sichern sollen, wird gesagt, daß Gott für sie sorgt. Zunächst versichert Jesus seinen Zuhörern:

»Werden nicht fünf Spatzen für zwei Asse verkauft? Und doch wird nicht einer auf die Erde fallen ohne euren Vater. Aber auch eure Haare auf dem Kopf sind alle gezählt. Fürchtet euch nicht: Ihr seid mehr wert als viele Spatzen!« (Mt 10,29–31/Lk 12,6–7)

Spatzen waren im damaligen Palästina – wie auch bei uns zumindest noch vor kurzem – häufig vorkommende Vögel. Auf dem Markt waren sie ein geläufiger und billiger Artikel, der oft im Bund zu zehn Stück verkauft wurde. Bei den einfachen

Leuten kam der Spatz als Geflügel auf den Tisch. Das As war eine römische Münze von geringem Wert, sozusagen Kleingeld. Für zwei As konnte man eine Tagesration Brot kaufen.

Der Spruch arbeitet mit einem auf uns geradezu ironisch wirkenden Vergleich: Es braucht schon viele Spatzen, um einen Menschen aufzuwiegen. Wenn Gott aber schon über das Schicksal eines jeden Spatzen wacht, dann erst recht über das des Menschen. Vielleicht ist dies aber zu modern gedacht, wenn wir nur den hier gebrauchten Schluß vom Kleineren auf das Größere in den Blick nehmen. Die breite Masse der Bevölkerung in der Antike – zumal in einer von Rom unterworfenen Provinz – konnte durchaus das Gefühl haben, daß ihr Leben nichts wert ist. Die Oberschicht in der streng hierarchisch gegliederten antiken Gesellschaft war vor allem daran interessiert, selbst ein gutes Leben zu führen. Das gilt für die dünne Spitze des Römischen Reichs ebenso wie für die wenigen Vornehmen und Begüterten vor Ort. Ob das Kind eines Kleinpächters oder Tagelöhners starb, war dem Großgrundbesitzer ziemlich gleichgültig. Hungersnöte waren keine Seltenheit. Sklaven waren eine Sache, durften straflos getötet werden. Auch die Untertanen, zumindest die gewöhnlichen, in den von Rom unterworfenen Gebieten galten nicht viel. Jede Unruhe wurde vom Militär rücksichtslos unterdrückt; auf ein paar Tote mehr oder weniger kam es dabei nicht an. Vielleicht war es angesichts dieser Realität durchaus notwendig, daran zu erinnern, daß ein Mensch mehr wert ist als ein Spatz, mit dem auf dem Markt zumindest eine geringe Einnahme zu erzielen war. Das Jesuswort rückt die Verhältnisse wieder zurecht, setzt gegen die Normen der antiken Gesellschaft die alte Wertordnung Israels, der zufolge Gott das Leben eines jeden Israeliten bejaht und schützt.

Ein Evangelium der Bauern Galiläas

Noch konkreter geht ein anderes Jesus-Wort auf die zeitgenössischen Lebensbedingungen ein:

»*Daher sage ich euch: Sorgt euch nicht um euer Leben, was ihr essen sollt, und nicht um euren Leib, was ihr anziehen sollt. Ist nicht das Leben mehr als die Nahrung und der Leib mehr als die Kleidung? Beobachtet die Raben: Sie säen nicht, sie ernten nicht und sie sammeln nicht in Scheunen, und Gott ernährt sie. Seid ihr nicht mehr wert als die Vögel? Wer von euch, der sich sorgt, kann zu seinem Lebensalter eine Elle hinzufügen? Und was sorgt ihr euch um Kleidung? Lernt von den Lilien, wie sie wachsen: Sie mühen sich nicht ab und sie spinnen nicht. Ich sage euch aber: Selbst Salomo in all seiner Pracht war nicht gekleidet wie eine von diesen. Wenn Gott aber das Gras, das heute auf dem Feld steht und morgen in den Ofen geworfen wird, so kleidet – um wie viel mehr nicht euch, ihr Kleingläubigen? Sorgt euch also nicht, indem ihr sagt: Was sollen wir essen? Oder: Was sollen wir trinken? Oder: Was sollen wir anziehen? Denn all das erstreben die Heiden; euer Vater weiß, daß ihr dies alles braucht. Strebt viel-*

mehr nach seinem Reich, und dies alles wird euch dazugegeben werden.« (Mt 6,25–34/Lk 12,22–32)

Die Tätigkeiten, von denen der Text[41] sagt, daß die Vögel und die Lilien sie nicht tun, sind die typischen Arbeiten der Landbevölkerung. Die Männer gehen aufs Feld, säen, ernten und bringen die Ernte in die Scheune. Die Frauen spinnen und stellen Kleidung her. Ob es sich dabei nun um freie Kleinbauern oder Pächter handelt, die als Selbstversorger ihre Familie ernährten, oder um Tagelöhner, die die landwirtschaftlichen Arbeiten gegen Bezahlung auf den Ländereien eines Großgrundbesitzers verrichteten – in jedem Fall dient die Arbeit dazu, die Existenz, ja das Existenzminimum zu sichern. Hier geht es um den täglichen Überlebenskampf, und das macht die Worte so provokativ. Diese Menschen mußten sich abmühen und von morgens bis abends schuften, um – gerade mal so, von einem Tag auf den anderen – über die Runden zu kommen.

Es ist in der Auslegung viel darüber nachgedacht worden, ob der Text zu allen Hörern der Botschaft Jesu oder nur zu den Missionaren gesagt ist. In der Logienquelle begegnen uns nämlich Verkündiger, die umherzogen und sich darauf verließen, von Menschen, die sie ansprachen, aufgenommen und versorgt zu werden. Wir werden auf diese Wanderprediger noch zu sprechen kommen. Der Text steht aber nicht bei den Anweisungen, die Jesus in Q für die Mission gibt. Von daher gilt er wohl eher allen. Er will sie – die in harten und ärmlichen Verhältnissen lebten –

ermutigen, sich von der Sorge um das tägliche Brot nicht auffressen zu lassen, sondern dem Reich Gottes Vorrang zu geben. Denn Gott wird schon dafür sorgen, daß das Nötigste da ist, was man zum Leben braucht. Diese Zusage soll diejenigen, die bereits Christen sind, in ihrer Haltung bestärken und sie anleiten, ihr Vertrauen ganz auf Gott zu setzen. Denjenigen, denen Jesus der Menschensohn erst nahegebracht werden soll, wird eine attraktive Alternative zum perspektivlosen Ringen ums Überleben geboten: Wenn Gott schon die Vögel und die Blumen am Leben erhält, dann erst recht die Menschen, und dabei gilt sein erster Gedanke denen, die sich auf dem Acker und im Haushalt abbuckeln.

Die Bilder stammen vom Land

Die Logienquelle spricht oft von den typischen Lebensumständen der ländlichen Bevölkerung. Da ist die Rede von der großen Ernte und den zu wenigen Arbeitern (Mt 9,37–38/Lk 10,2), von Schafherden und Wölfen (Mt 10,16/Lk 10,3), vom entlaufenen Schaf (Mt 18,10–14/Lk 15,1–7), von der Wettervorhersage (Mt 16,2–3/Lk 12,54–56), vom Backen (Mt 13,33/Lk 13,20–21), von verschiedenen Nutzpflanzen wie Senfkorn (Mt 13,31–32/Lk 13,18–19; Mt 17,19–20/Lk 17,5–6), Minze, Dill und Kümmel (Mt 23,6/Lk 11,39) und dem Maulbeerbaum (Mt 17,19–20/Lk 17,5–6), vom Ochsen, der in die Grube gefallen ist (Mt 12,11–12/Lk 14,5), von Frauen, die gemeinsam an einer Mühle mahlen (Mt 24,40–41/Lk 17,34–35), vom

Aas und den Geiern (Mt 24,28/Lk 17,37). In den Evangelien kommen im Bildmaterial von Jesu Gleichnissen und ähnlichen Texten durchaus städtische Gegebenheiten vor: Stadtmauer, Turm und Wächter, der Jerusalemer Tempel und seine Priester, möglicherweise sogar Begriffe aus dem Theater. In Q fehlen sie völlig. Das läßt darauf schließen, daß die Überlieferungen, die in der Logienquelle gesammelt sind, aus ländlichem Milieu stammen.[42] Das stimmt mit dem, was die Evangelien über Jesu Wirken erzählen, insoweit überein, als Jesus in keiner richtigen Stadt auftritt – von Jerusalem abgesehen. Allerdings fehlen in Q auch Bezüge zum See Genezareth, der den Evangelien den Ort oder zumindest den Hintergrund für viele Szenen und Texte liefert. Nicht einmal Bildmaterial aus der Fischerei findet sich in Q. Die Christen »hinter« der Logienquelle, also diejenigen, die diese Jesus-Worte zunächst mündlich weitergegeben und dann schriftlich zusammengefaßt haben, scheinen somit im inneren Galiläa beheimatet gewesen zu sein.

Aufgrund von Bodenuntersuchungen hat man geschätzt, daß um die Zeitenwende 97 Prozent Galiläas landwirtschaftlich genutzt wurde. Wir dürfen davon ausgehen, daß zwei Drittel der Bevölkerung vom Ackerbau lebten. Der Geschichtsschreiber Flavius Josephus berichtet von fruchtbaren Böden, zahlreichen Viehweiden und Baumpflanzungen aller Art. Galiläa sei so ergiebig gewesen, daß »auch derjenige ermutigt wird, der sonst keine Freude an der Landarbeit findet«. (Jüdischer Krieg, 3,42)

Galiläa im 1. Jahrhundert: die Kluft zwischen Arm und Reich

Dennoch war Galiläa im 1. Jahrhundert n. Chr. – also in jenem Zeitraum, der uns besonders interessiert – von sozialen Spannungen geprägt, denn die agrarischen Vorzüge der Region kamen nicht allen Bewohnern gleichermaßen zugute. Über Jahrzehnte hinweg hatte in Galiläa eine Konzentration von Grund und Boden stattgefunden. Das fruchtbare Ackerland und die Plantagen – besonders in der südlich an Galiläa angrenzenden Jesreel-Ebene, einer Kornkammer des Landes – waren in den Händen weniger Reicher. Im südlichen Galiläa hat die Archäologie neben wenigen großen Bauernhäusern zahlreiche kleine Behausungen gefunden; das deutet darauf hin, daß neben wohlhabenderen Höfen viele arme Kleinbauern lebten. König Herodes hat in seiner langen Amtszeit (40–4 v. Chr.) sowohl selbst einen beträchtlichen Großgrundbesitz in seine Hand gebracht als auch seine Angehörigen und Günstlinge mit Ländereien versorgt. Die Besitzungen kamen insbesondere dadurch zustande, daß Herodes nach seiner von den Römern unterstützten Machtergreifung seine Gegner enteignete, und zwar nicht nur die frühere Königsfamilie der Hasmonäer, sondern auch die meisten Adeligen. Nach Herodes' Tod fiel Galiläa – und das östlich des Toten Meeres gelegene Peräa – an seinen Sohn Herodes Antipas, dem die Römer allerdings nur den Titel eines Tetrachen (»Viertelsfürst«) zugestanden. Er erbte selbstverständlich auch privaten Grundbesitz von seinem Vater.

In Q überlieferte Gleichnisse zeigen uns das Verhalten solcher Gutsbesitzer.

»*Wer also ist der treue und kluge Sklave, den der Herr über sein Hausgesinde gestellt hat, um ihnen zur rechten Zeit das Essen zu geben? Selig ist jener Sklave, den sein Herr, wenn er kommt, so handelnd finden wird. Amen, ich sage euch: Über seinen ganzen Besitz wird er ihn stellen. Wenn aber jener Sklave in seinem Herzen sagt ›Mein Herr läßt sich Zeit‹, und anfängt, seine Mitsklaven zu schlagen, und mit den Betrunkenen ißt und trinkt, wird der Herr jenes Sklaven an einem Tag kommen, an dem er es nicht erwartet, und zu einer Stunde, die er nicht kennt, und er wird ihn in Stücke hauen und ihm seinen Platz unter den Treulosen zuweisen.*« (Mt 24,45–51/Lk 12,41–46)

Oft hält der Herr sich also gar nicht selbst auf seinen Ländereien auf, sei es, weil er mehrere an verschiedenen Orten hat, sei es, weil er in der Stadt lebt. Er setzt einen Gutsverwalter ein, der Verantwortung für das Gesinde trägt. Er hat natürlich nicht nur dafür zu sorgen, daß das Gesinde verpflegt wird. Dieses Detail steht für die gesamte Aufgabe, den Betrieb am Laufen zu halten und zu sehen, daß er Gewinn abwirft. Der Verwalter ist rechtlich gesehen aber selbst nur ein Sklave, so daß sein Herr ihn nach Gutdünken zur Rechenschaft ziehen kann.

Handel und Wandel

Besonders reiche Großgrundbesitzer hatten Interessen, die über die Region hinausgingen, so daß sie sich auf Geschäftsreisen begaben. Vielleicht spricht das folgende Gleichnis sogar von einem Mitglied der Herodesfamilie, das internationale Beziehungen pflegte. Lukas hat aus dem Herrn dann explizit »einen adeligen Menschen« gemacht, der »in ein fernes Land reiste, um die Königswürde zu erlangen und dann zurückzukehren«. Vorbild ist hier Archelaos, der Bruder des Herodes Antipas. Er reiste nach Rom, damit ihn der Kaiser in Nachfolge seines Vaters zum König von Judäa ernenne. Augustus gewährte ihm jedoch nur den Titel »Ethnarch« (Fürst, wörtlich: »Herrscher über ein Volk«).

»Ein Mensch, der auf Reisen gehen wollte, rief zehn seiner Sklaven und gab ihnen zehn Minen und sagte ihnen: ›Macht Geschäfte damit, bis ich komme!‹ Nach langer Zeit kommt der Herr jener Sklaven und hält Abrechnung mit ihnen. Und der erste kam und sagte: ›Herr, deine Mine hat zehn Minen hinzuerworben.‹ Und er sagte ihm: ›Sehr gut, du guter Sklave, mit wenigem warst du zuverlässig, über vieles werde ich dich stellen.‹ Und der zweite kam und sagte: ›Herr, deine Mine hat fünf Minen gemacht.‹ Er sagte ihm: ›Sehr gut, du guter Sklave, mit wenigem warst du zuverlässig, über vieles werde ich dich stellen.‹ Und der dritte kam und sagte: ›Herr, ich wußte von dir, daß du ein harter Mensch bist, du erntest, wo du nicht gesät hast, und sammelst ein von dort, wo du nicht

ausgestreut hast; und aus Furcht ging ich hin und verbarg deine Mine in der Erde. Sieh, hier hast du das Deine.‹ Er sagt ihm: ›Du schlechter Sklave! Du wußtest, daß ich ernte, wo ich nicht gesät habe, und von dort einsammle, wo ich nicht ausgestreut habe? Daher hättest du mein Geld zu den Geldverleihern bringen müssen, und bei meinem Kommen hätte ich das Meine mit Zins zurückerhalten. Nehmt ihm daher die Mine weg und gebt sie dem, der die zehn Minen hat!‹« (Mt 25,14–30/Lk 19,11–27)

Das Gleichnis zeigt auch die Auswirkungen eines weiteren Wandlungsprozesses, der sich zur Zeit Jesu schon seit etwa drei Jahrhunderten vollzog – seit die Griechen unter Alexander dem Großen den Nahen Osten unter ihre Kontrolle gebracht hatten: Die Geldwirtschaft hat den Tauschhandel immer weiter zurückgedrängt. Zwar mag die Dorfbevölkerung untereinander noch Erzeugnisse getauscht haben, doch sobald sie Produkte außerhalb der Dorfgemeinschaft erwerben wollte, mußte sie mit Geld bezahlen. In römischer Zeit florierte der Fernhandel. Handelsstraßen liefen auch durch Galiläa; die von Ägypten kommende *via maris*, die Fernstraße am Mittelmeer, verzweigte sich entlang des Sees Genezareth nach Syrien und hatte dort Anschluß an die Seidenstraße. Produkte aus fernen Provinzen des Römischen Reiches oder aus Asien gelangten zumindest in Orte wie Kapharnaum, zum Beispiel griechischer Wein in Amphoren oder Tongeschirr (*terra sigillata*). Geräucherter Fisch vom See Genezareth wurde bis nach Rom exportiert.

An Handelsgeschäften haben sich wohl auch die beiden »guten« Sklaven aus dem Gleichnis beteiligt. Es war üblich, daß Herren geeigneten Sklaven Geldbeträge anvertrauten, mit denen die Sklaven dann eigenverantwortlich operierten. Grundsätzlich gehörte der Gewinn wie das Startkapital selbst dem Sklavenhalter. Die Mine entsprach 100 Denaren; ein Denar war der gängige Tageslohn eines Arbeiters. Die im Gleichnis genannten Gewinnspannen dürften übertrieben sein. Sie vermitteln dem Zuhörer, daß die beiden »guten« Sklaven ihren Profit kaum mit ehrlichen Transaktionen erzielt haben. Auch der Herr erscheint wenig sympathisch. Er mehrte seinen Reichtum nicht nur durch Erzeugnis und Verkauf von Produkten, sondern auch durch Geldverleih. Da die Antike Spareinlagen mit Zinsausschüttung nicht kannte, muß der Vorwurf an den »schlechten« Sklaven wohl meinen, er hätte dem Geldverleiher einen Kredit geben sollen, den dieser wiederum für Kreditgeschäfte mit anderen Personen genutzt hätte.

Drückende Schulden

Im Geldverleih lag die Ursache eines weiteren Übels, das sich in den Evangelien an mehreren Stellen spiegelt: der Verschuldung und der Schuldknechtschaft. Die wirtschaftliche Kraft der Großgrundbesitzer zwang die Kleinbauern in die Defensive. Jede Mißernte – für Palästina sind einige literarisch belegt – brachte sie in Existenznöte. Es fehlte dann an Nahrungsmitteln für die Familie und an Saatgut für die kommende Aussaat. Beides mußte dann gekauft werden, wozu in der Regel aber das Kapital fehlte. Da es keine Banken im modernen Sinn gab, mußten die Kleinbauern Geld bei ihren reichen Konkurrenten leihen und dafür ihr Land verpfänden. Oft gelang es nicht, die Schulden zurückzuzahlen. Dann verloren die Bauern ihr Land. Wenn sie nicht als Pächter ihr eigenes Grundstück weiterbebauen durften, blieb ihnen nur übrig, als Landarbeiter im Tagelohn ihr Dasein zu fristen. War gar nichts mehr zu holen, kamen die Schuldner entweder in Haft – mittelalterlich gesprochen in den Schuldturm – oder in Schuldknechtschaft. Das heißt, sie mußten als Sklaven ihres Schuldners ihre Schulden abarbeiten oder ihre Kinder in die Sklaverei schicken. Ein Jesus-Wort der Logienquelle greift die Erfahrung auf, was geschieht, wenn jemand seine Schulden nicht bezahlen konnte:

»*Solange du mit dem Prozeßgegner auf dem Weg bist, gib dir Mühe, von ihm loszukommen, damit dich der Prozeßgegner nicht dem Richter übergebe und der Richter dem Gerichtsdiener und der Gerichtsdiener dich ins Gefängnis werfe. Ich sage dir, du wirst von dort nicht herauskommen, bis du den letzten Quadrans zurückgezahlt hast.*« (Mt 5,25–26/Lk 12,57–59)

Diese Mahnung – die natürlich übertragen gemeint dazu rät, sich zu versöhnen, ehe der Weltenrichter einen der Unversöhnlichkeit zeiht – spiegelt die reale, alltägliche Erfahrung »kleiner Leute« in Galiläa. Leicht konnte man in die Situation geraten, daß man einen Kredit nicht zurückzahlen konnte, und vor dem Gericht in der Stadt, wohin man zum Prozeß gehen mußte, hatte ein Mitglied der Unterschicht wenig Chance auf Recht oder Gnade. Der Quadrans war ein Viertel des schon erwähnten As und die kleinste römische Münze.

Die Regeln durchbrechen

Vor diesem Hintergrund ist die Bitte des Vaterunsers gar nicht revolutionär genug zu bewerten:

»*Und erlasse uns unsere Schulden, wie auch wir sie unseren Schuldnern erlassen.*« (Mt 6,12/ Lk 11,4).

Die Bitte an Gott, den Jüngern ihre Verfehlungen zu verzeihen, wird mit der Selbstverpflichtung verbunden, daß die Jünger ihren Schuldnern die Schuld erlassen. Das bedeutet, die gängige Praxis des rücksichtslosen Schuldeneintreibens zu durchbrechen. Jesus und die Logienquelle stellen hier im Grunde das damalige Wirtschaftssystem in Frage, und nicht nur das, sondern alle Beziehungsmuster, die auf der Vorstellung beruhen, daß Schulden beglichen werden müssen. Die Sprengkraft dieser Bitte ist im Bewußtsein heutiger Christen weitgehend verlorengegangen. Dabei wäre sie eine radikale Anfrage auch an moderne Formen der Ökonomie – man denke nur an die Verschuldung der Entwicklungsländer oder an die zunehmende Zahlungsunfähigkeit von Privathaushalten, forciert durch Konsumentenkredite, die der Einzelhandel beim Kauf von Waren selbst anbietet, und die Überziehungskredite bereits für Jugendliche –

und darüber hinaus an unser von ökonomischer Logik beherrschtes Denken. Allerdings vernebelt in der bei uns gängigen Übersetzung des Vaterunsers bereits das ungebräuchliche Wort »Schuldiger« statt des eindeutigen Schuldners die Sicht.

Das Vaterunser – kaum ein anderes Gebet wird so oft gesprochen, auch öffentlich, selbst von Menschen, die sich sonst nicht als Christen bekennen – enthält eine Brisanz, die gar nicht mehr wahrgenommen wird. Das ganze Gebet steht für die Umwertung der Werte, wie Jesus sie vertreten hat. Bittet es doch darum, daß sich Gottes Vorstellungen in dieser Welt durchsetzen sollen, die oft quer stehen zu dem, was üblicherweise gilt. »*Dein* Name werde geheiligt!« (Mt 6,9/Lk 11,2) Und nicht der Mammon, nicht Produktivität und Rentabilität, nicht Freizeit und größtmögliches Vergnügen, nicht *fit and fun*, nicht Schnelligkeit und allgegenwärtige Kommunikation. »*Dein* Reich/*Deine* Herrschaft komme!« (Mt 6,10/Lk 11,2) Und nicht die Vorherrschaft der Schönen und Reichen, der Starken und derer, die sich durchsetzen können, der Skrupellosen und Erfolgreichen.

Einspruch gegen die Herrschaft des Geldes

Die wirtschaftliche und politische Macht konzentrierte sich in den Städten. In Galiläa sind vor allem Sepphoris im Zentrum Galiläas und Tiberias am See Genezareth zu nennen. Beide florierten. Hier wurden Waren umgeschlagen, Zölle eingenommen – und es wurde rege gebaut. Jesu Landesherr, der Fürst Herodes Antipas, hatte Sepphoris wieder aufgebaut, nachdem es bei einem Aufstand nach dem Tod des Königs Herodes beschädigt worden war. Die Stadt Tiberias hat Antipas erst gegründet und zur Hauptstadt seines Fürstentums gemacht.

In der Logienquelle wird weder Sepphoris noch Tiberias erwähnt, und auch nach Ausweis der Evangelien hat Jesus diese beiden Städte – zumindest während seines öffentlichen Wirkens – nie betreten. In Q namentlich genannt sind Kapharnaum, Bethsaida und Chorazin.

Bethsaida[43] (wörtlich: »Haus der Fischer«) gehörte zum Fürstentum des Philippos, des dritten Erben des Königs Herodes und Halbbruders von Herodes Antipas und Archelaos. Philippos benannte Bethsaida zu Ehren der Frau des Augustus in Julias um und verlieh im die Rechte einer griechischen Stadt (*polis*). Die Archäologen haben bislang jedoch noch keine für eine solche Stadt typischen Bauten nachweisen können, so daß es sich um eine rein nominelle Ehrung handeln könnte. Immerhin ist laut Flavius Josephus Philippos in Bethsaida beigesetzt worden.

Kapharnaum[44] war ein Großdorf mit 600 bis 1000 Einwohnern. Die hauptsächlichen Gewerbe waren sicher Landwirtschaft, Fischfang und Olivenölproduktion, daneben vielleicht die Glasherstellung. Archäologisch nachgewiesen sind einige Zeugnisse urbaner Architektur: ein Bad, ein gepflasteter Platz und ein öffentliches Gebäude. Durch die Lage an der Grenze von Antipas' Fürstentum zu dem des Philippos bedingt, befanden sich in Kapharnaum eine Zollstation und – auch in Q durch die Erzählung vom Glauben des heidnischen Zenturio belegt – ein Posten von Antipas' Militär.

Chorazin war ein Ort drei Kilometer nordwestlich von Kapharnaum, der zu Jesu Zeit offensichtlich eine Blütezeit erlebte.

Der Weheruf trifft die galiläischen Orte, weil sie die Wundertaten, die in ihnen geschehen sind, abgelehnt haben. Dabei ist wohl nicht nur an Taten Jesu, sondern auch der Christen der Logienquelle gedacht. Vielleicht spielt bei der Ablehnung mit hinein, daß die Botschaft, die sich besonders an die arme Landbevölkerung richtete, bei den Bewohnern dieser kleinen Unterzentren mit bescheidenem Wohlstand keinen Anklang fand. Explizit gesagt ist dies freilich nicht.

Gott oder Mammon

Überhaupt findet sich in der Logienquelle keine ausgeführte Polemik gegen die Reichen und Mächtigen. Aber wenn auch nur indirekt ausgesprochen, so fällt das Urteil der Logienquelle über die sozialen Verhältnisse ihrer Zeit vernichtend aus. Eindeutig wird die tiefere Ursache für Ungerechtigkeit und Unterdrückung benannt:

»*Niemand kann zwei Herren dienen; denn entweder wird er den einen hassen und den anderen lieben, oder er wird dem einen anhängen und den anderen verachten. Ihr könnt nicht Gott dienen und dem Mammon.*« (Mt 6,24/Lk 16,13)

»Sammelt euch nicht Vorräte auf der Erde, wo Motte und Fraß sie zerstören und wo Diebe einbrechen und sie stehlen! Sammelt euch vielmehr Vorräte im Himmel, wo weder Motte noch Fraß sie zerstören und wo Diebe weder einbrechen noch stehlen. Denn wo dein Vorrat ist, dort wird auch dein Herz sein.« (Mt 6,19–21/Lk 12,33–34)

Die Ausrichtung an Geld und Profit ist es, die verhindert, daß Menschen sich Gott zuwenden und sich auf die Ankunft seines Reiches einlassen. Daher ist es folgerichtig, daß das Reich Gottes zur Entscheidung zwingt und damit zur Scheidung unter den Menschen führt.[45]

Das Reich Gottes bietet also in seiner Zuwendung zu den Armen, Hungernden und Trauernden, in seiner radikalen Ablehnung des Mammon und in seinem die Menschen verpflichtenden Angebot zur Befreiung von Schuld eine eindeutige Alternative zur sozialen Wirklichkeit der damaligen Zeit. Die Botschaft Jesu und der Logienquelle stellt eine Umwertung der gesellschaftlich gültigen Werte dar. Was in der Gesellschaft als positiv angesehen wird – Reichtum, finanzieller Erfolg, Durchsetzen der eigenen Interessen, Eintreiben ausstehender Schulden, gute Ernährung, ein glückliches Leben –, hat vor Gott keine Bedeutung, genauer: ist vor Gott kein Verdienst und begründet vor ihm kein Ansehen. Gott wendet sich an die Menschen, die auf der Strecke geblieben sind. Ihnen gilt seine Sorge.

Die Ersten werden die Letzten sein
Umgekehrt werden vor Gott die gesellschaftlichen Gewinner zu Verlierern, die Sieger der Geschichte am Ende gedemütigt. Q führt das allerdings nur an einer Wertvorstellung durch: dem Ansehen. Dadurch geraten bei Q die Pharisäer ins Kreuzfeuer der Kritik:

»Wehe euch, den Pharisäern, denn ihr liebt den Ehrenplatz bei den Gastmählern und den Ehrensitz in den Synagogen und die ehrerbietigen Grüße auf den Marktplätzen.« (Mt 23,6–7/Lk 11,43)

Grundsätzlicher formuliert:

»Jeder, der sich selbst erhöht, wird erniedrigt werden, und der sich selbst erniedrigt, wird erhöht werden.« (Mt 23,12/Lk 14,11)

Auch hier wird die gängige Hierarchie auf den Kopf gestellt. Vor Gott haben die, die sich Ansehen verschaffen, verloren. Gleichzeitig wird eine neue Verhaltensmaxime aufgestellt: Wer sich selbst zurücknimmt, kommt im Reich Gottes zu Ansehen. Im Wehe gegen die Pharisäer ist diese Umwertung der Werte zugespitzt auf jene Hochmütigen, die sich intellektuell und religiös für etwas Besseres halten und daher nach Ehrerbietung heischen. Q macht in einem Jesus-Wort deutlich, daß es beim Anbruch des Reiches Gottes nicht auf den theologischen Durchblick ankommt:

»In diesem Augenblick sagte er: ›Ich preise dich, Vater, Herr des Himmels und der Erde, denn du hast dies vor Weisen und Gebildeten verborgen und es Unmündigen enthüllt. Ja, Vater, denn so war es wohlgefällig vor dir.‹« (Mt 11,25–26/Lk 10,21)

Die bleibende Provokation

Die Provokation der Botschaft vom Reich Gottes, wie sie Q in enger Anlehnung an Jesu eigene Verkündigung vorträgt, ist eine bleibende. Sie stellt heute nicht weniger als damals gesellschaftlich gängige und akzeptierte Verhaltensmuster und Wertvorstellungen auf den Kopf. Zwar mag manches – etwa die Hochschätzung dessen, der sich selbst erniedrigt – angesichts von 2000 Jahren christlicher Predigt vertraut erscheinen. Doch wird man den Kirchen die Kritik nicht ersparen können, daß die Umwertung der Werte oft geschickt unterlaufen wird. Daß zum Beispiel die Attitüde der Demut Machtansprüche kaschiert, ja in raffinierter Weise legitimiert. Daß die Gebildeten und Einflußreichen die einfachen Leute eben doch dominieren. Daß zwar der Gesellschaft gepredigt wird, sie solle sich von der Vergötzung des Mammon abkehren, daß aber gleichzeitig Geld auch die Kirchenwelt regiert. Die gegenwärtige Finanzkrise der deutschen Kirchen könnte für sie zum Testfall auf ihre Glaubwürdigkeit werden.

Im Mittelalter hat schon einmal die Frage, wie die Kirche selbst mit Reichtum und Besitz umgehen soll, ob sie überhaupt Besitz haben dürfe, zu ernsten, folgenschweren Auseinandersetzungen geführt. Nachdem diejenigen, die der Kirche Armut verordnen wollten, teils blutig unterdrückt worden waren, sind aus dem Streit Orden wie die Franziskaner hervorgegangen, die mit dem Christsein Bescheidenheit und persönlichen Verzicht verbinden.

Die moderne Gesellschaft ist wirtschaftlich wie geistig von Ideologien beherrscht, die das Materielle zum Maß aller Dinge machen. Ob man sie mit dem Etikett Kapitalismus, Neoliberalismus oder Globalisierung versieht, ist gleichgültig, zumal Kapitalismus und Sozialismus nur zwei Seiten der gleichen Medaille Materialismus sind. Entscheidend ist, daß unter diesen gesellschaftlichen Verhältnissen die Einstellung der Kirche zu Geld und Besitz – nicht nur zu fremdem, sondern gerade zum eigenen – Signalwirkung hat. Das gilt für die Kirchen als gesellschaftliche Institutionen wie für jeden Christen als einzelnen. Die Botschaft Jesu, gerade wie sie die Logienquelle akzentuiert, stellt die Lebenspraxis von Christen stetig in Frage: Hältst Du es mit Gott oder dem Mammon?

IV. »Ich sende euch wie Schafe mitten unter Wölfe«

Arm und wehrlos in einem Bürgerkriegsland

»Geht! Siehe, ich sende euch wie Schafe mitten unter Wölfe. Tragt keinen Geldbeutel, keinen Reisesack, keine Sandalen, auch keinen Stock!« (Mt 10,16.9–10/Lk 10,3–4)

Es ist ein geradezu wahnwitziger Auftrag, den der Logienquelle zufolge Jesus den Boten des Reiches Gottes mit auf den Weg gibt. Zunächst verpflichtet er sie zu demonstrativer Armut. Wer keine Schuhe hatte, lebte unter dem Existenzminimum. Die »Missionare« sollen keine Reisevorbereitungen treffen, keine Ausrüstung mitnehmen, nicht für Verpflegung sorgen. Ohne Reisekasse und ohne Proviant sollen sie sich ins Ungewisse aufmachen. Barfuß sollen sie über die steinigen Wege ziehen. Die Verkündiger sollen sich also den Armen gleichmachen – jenen Armen, denen sie Gottes besondere Zuwendung verkündigen. Und sie sollen das Gottvertrauen zeigen, zu dem Jesus aufruft, weil Gott schon dafür sorgt, daß die, die sich um sein Reich bemühen, Nahrung und Kleidung finden.

Am auffälligsten ist der Verzicht auf den Stock. Nicht einmal das einfachste Hilfsmittel des Wanderers ist ihnen erlaubt, und in der Antike war der Stock mehr als nur eine Gehhilfe. Der Stock diente dem Wanderer als primitive Waffe, mit der er sich gegen streunende Hunde, wilde Tiere und Räuber wehren konnte. Kein Reisender verzichtete daher auf den Stock. Wenn irgend möglich, führte er einen Dolch mit. Das taten sogar die als besonders friedfertig geltenden Essener – eine religiöse Richtung im antiken Judentum, die uns heute vor allem durch die Siedlung Qumran am Toten Meer bekannt ist: »Sie nehmen auch bei ihren Reisen gar nichts mit, außer Waffen zum Schutz gegen Räuber«, schreibt Flavius Josephus (Jüdischer Krieg 2,125).

Galiläa – Hochburg des Widerstands gegen Rom

Was schon unter normalen Bedingungen unvernünftig erscheint, wird vollends zum Himmelfahrtskommando, wenn wir die Zeitumstände mitbedenken. Galiläa, wo die Logienquelle entstanden ist, war von jeher ein unruhiges Gebiet. Es galt als »Räubernest« (Flavius Josephus, Jüdische Altertümer, 17,285), der bergige Norden der Landschaft diente Freischärlern als Rückzugsgebiet. Indem er erfolgreich gegen die Bande des Hiskia vorging, die von Galiläa aus Dörfer im angrenzenden syrischen Grenzgebiet überfiel, verdiente sich der spätere König Herodes als junger Mann seine ersten militärischen Sporen. 47 v. Chr. war er mit 26 Jahren zum Gouverneur von Galiläa ernannt worden, nachdem Julius Cäsar Herodes' Vater Antipater als Prokurator bestätigt hatte, der für den politisch unfähigen Hohenpriester und Ethnarchen Hyrkan faktisch die Regierungsgeschäfte führte.

Als Herodes 40 v. Chr. von Rom zum König von Judäa ernannt wurde, mußte er sich die Herrschaft gerade in Galiläa hart erkämpfen. Im selben Jahr waren die Parther – Roms Erzfeind und Angstgegner im Nahen Osten – in Palästina eingefallen und hatten Antigonos – als dann letzten hasmonäischen König – in Jerusalem auf den Thron gesetzt. In einem mehrjährigen Krieg mußte Herodes, unterstützt von römischen Truppen, sein Reich erst erobern. Dabei stieß er besonders in Galiläa auf hartnäckigen Widerstand. Von Rom kommend, unternahm Herodes gleich nach seiner Ankunft in Ptolemais (heute Akko) einen ersten Anlauf zur Unterwerfung, doch offenbar ohne nachhaltigen Erfolg. Erst 38 v. Chr. erringt er in einer Schlacht den entscheidenden Erfolg. Die unterlegenen Gegner, die sich in Höhlen zurückziehen, bezwingt er, indem er Soldaten in Käfigen an den Felswänden zu den Eingängen der Verstekke abseilen läßt. Doch kaum zieht Herodes ab, kommt es erneut zum Aufstand. Herodes eilt zurück, läßt zahlreiche Galiläer hinrichten und verhängt gegen aufständische Orte eine Geldstrafe von hundert Talenten. Trotzdem erheben sich – nach einem vernichtenden Sieg des Antiogonos über Herodes' Bruder Josef und dessen Truppen – erneut Galiläer und ertränken Herodes' Parteigänger im See Genezareth. Erst nachdem 37 v. Chr. Herodes Jerusalem mit römischer Truppenhilfe erobert hatte und Antigonos unter dem Beil gestorben war, erlahmte auch in Galiläa der Widerstand.

Während der folgenden Jahrzehnte erstarrt Galiläa in Friedhofsruhe, doch beim Tod des verhaßten Königs Herodes 4 v. Chr. kommt der unterdrückte Freiheitsdrang zum Ausbruch. Judas, der Sohn des Räuberhauptmanns Hiskia, den Herodes noch als Gouverneur von Galiläa hatte hinrichten lassen, bringt Galiläas Hauptstadt Sepphoris in seine Gewalt und ruft sich zum König aus. Da es auch in anderen Landesteilen zu erheblichen Unruhen kam, mußte der Statthalter von Syrien mit seinen Truppen anrücken und die Aufstände niederschlagen. Unter seinem Namen sind die Kämpfe nach dem Ende der Herodes-Herrschaft als Krieg des Varus in die Annalen eingegangen. Den Deutschen ist der damals siegreiche Römer besser durch die Schlacht im Teutoburger Wald bekannt. Sepphoris ließ Varus gleich am Anfang zurückerobern, wobei die Stadt auch einiges an Zerstörungen abbekam.

Seit damals entwickelte sich Galiläa zu einer Hochburg antirömischen Widerstands. Von hier – aus Gamala in der Gaulanitis östlich des Sees Genezareth – kam der Schriftgelehrte Judas, der den Beinamen »der Galiläer« erhielt.[46] Als die Römer 6 n. Chr. das jüdische Kernland Judäa zusammen mit Samaria und Idumäa als Provinz direkt dem Römischen Reich einverleibten, agitierte Judas dort gegen das Steuerzahlen und die ihm dienende Volkszählung. Wegen des ersten Gebots, so seine Argumentation, dürfe ein Jude dem Kaiser, der ja göttliche Verehrung beanspruchte, keinen Tribut leisten.[47] Diese Schriftauslegung des Judas hatte Nachwirkungen für die gesamte folgende Zeit.

Zu Zeiten Jesu Friedhofsruhe

Galiläa selbst war seit 4 v. Chr. Teil des Fürstentums, das der Herodessohn Herodes Antipas regierte. Aus seiner bis 39 n. Chr. währenden Herrschaft haben wir keine Nachrichten über Aufstände. Immerhin befand sich unter den Jüngern Jesu ein – ehemaliger – Widerstandskämpfer: Simon der Zelot. Als »Zeloten«, zu deutsch »Eiferer«, bezeichnete man die militanten Gegner der römischen Oberherrschaft. Johannes der Täufer wurde verhaftet und dann hingerichtet, weil Herodes Antipas befürchtete, dessen Kritik an seiner Ehe mit seiner Schwägerin Herodias könnte Unruhe im Volk auslösen. Der Galiläer Jesus von Nazareth wurde als »König der Juden« gekreuzigt – also unter der Anklage, das gleiche Verbrechen begangen zu haben wie 4 v. Chr. Judas, der Sohn des Hiskia. Die Furcht vor Aufruhr war wohl auch in der Oberschicht Galiläas lebendig.

Nach Antipas' Absetzung fiel Galiläa an den Herodesenkel Agrippa I., der dann von 41–44 n. Chr. noch einmal als König von Judäa das gesamte Herrschaftsgebiet seines Großvaters unter sich vereinte. Das ganze Königreich und mit ihm Galiläa wurde danach endgültig in eine römische Provinz umgewandelt. Von da an mußten sich

Roms Statthalter immer wieder mit Unruhen herumschlagen.

Räuber als Volkshelden

Soziale und ethnische Konflikte befeuerten diese Unruhen. So waren die berüchtigten Räuber nicht einfachhin Kriminelle. Die Banden rekrutierten sich aus den Verlierern des antiken Wirtschaftslebens: Bauern, die ihr Land verloren hatten, Tagelöhner, die nicht genug Arbeit bekamen, um ihr Leben zu fristen, Schuldner, denen die Schuldsklaverei drohte, Kleinpächter, die ihren Pachtzins oder die Steuern nicht mehr aufbringen konnten. Ihnen blieb nur die Flucht in unzugängliche Gegenden; dort schlossen sie sich Gruppen an, die sich durch Überfälle zum Beispiel auf Handlungsreisende ihren Lebensunterhalt besorgten. Dazu kam die Ablehnung einer Gesellschafts- und Wirtschaftsordnung, die sich unter dem Einfluß der Griechen und Römer vom biblischen Ideal der Gleichheit aller Israeliten weit entfernt hatte. Wer mit den römischen Behörden oder den Beamten der von Rom abhängigen Fürsten in Konflikt gekommen war, fand hier Gesinnungsgenossen. Oft wurden diese »Räuber« von der Bevölkerung gedeckt. Die Wissenschaft nennt dieses Phänomen »soziales Banditentum«. Manche der Bandenchefs hatten etwas von einem Robin Hood. Der berühmt-berüchtigte Räuberhauptmann Eleazar, Sohn des Deinaios, etwa führte einen Rachefeldzug gegen Dörfer in Samaria, weil Samarier galiläische Jerusalempilger überfallen hatten.

Ethnische Konflikte erhöhen die Spannungen

Damit sind wir bei den ethnischen Konflikten. In Galiläa waren sie besonders spürbar. Neuere Forschungen gehen zwar davon aus, daß die Region sehr viel kleinteiliger strukturiert war, als bislang meist angenommen, so daß Juden und Nichtjuden praktisch nebeneinander lebten. Man kann wohl nicht einfach von einem platten Gegensatz heidnische Stadt hier, jüdische Landbevölkerung da ausgehen. Juden und Heiden wohnten auch in kleineren Orten beieinander, und wie sie sich zu religiösen, kulturellen und ökonomischen Traditionen und Gegebenheiten verhielten, differierte auch innerhalb dieser beiden wohl nur terminologisch so scharf abgegrenzten Gruppen. Schon aus dem Neuen Testament wissen wir, daß Juden sich als Zolleinnehmer betätigten, also das Steuersystem der Besatzungsmacht und ihrer Klientelfürsten stützten. Und zwar sowohl als kleiner Angestellter (Levi in Mk 2,14; Lk 5,27–28 oder Matthäus in Mt 9,9) als auch als Unternehmer und Steuerpächter (Zachäus in Lk 19,1–9). Von dem griechischen Wein, der in Amphoren nach Kapharnaum oder Bethsaida geliefert wurde, wissen wir aus den archäologischen Funden nicht, ob Juden oder Heiden ihn getrunken haben.

Trotz oder gerade wegen des engen Nebeneinanders saß die Abneigung zwischen Juden und Nichtjuden oft tief. Das eher ländlich geprägte Galiläa war von selbstbewußten Städten umgeben:

Tyros, Sidon, Ptolemais (heute Akko) an der Mittelmeerküste, Skythopolis (heute Bet Shean) im Süden, Cäsarea Philippi (Banyas) im Norden, Hippos am Ostufer des Sees Genezareth und jenseits des Jordan Gadara im heutigen Jordanien.[48] Die Städte am Meer gingen auf die Phönizier zurück. Zehn Städte mit Schwerpunkt im heutigen Jordanien – unter ihnen Skythopolis, Hippos und Gadara – hatte Pompeius bei Roms erstem Eingreifen in Palästina 64/63 v. Chr. zu einem Bund zusammengeschlossen (die sogenannte Dekapolis) und ihm eine Teilautonomie gewährt. Die Städte pflegten griechisch-römische Kultur und orientierten sich in ihren Institutionen und Rechtssatzungen am Vorbild der freien griechischen Stadt (*polis*). Wirtschaftlich beuteten sie ihr agrarisches Umland aus. Im vorigen Kapitel sind wir bereits den Grundbesitzern begegnet, die in der Stadt lebten und von Verwaltern ihre Landgüter bewirtschaften ließen.

Antijudaismus, Judenhaß war bei den heidnischen Bevölkerungsmehrheiten der Städte besonders ausgeprägt. Beim Ausbruch des Jüdischen Krieges 66 n. Chr. kam es in vielen dieser Städte zu Pogromen.

Stadtkultur: griechisch-römisch

Selbst die beiden einzigen Städte Galiläas, Tiberias und Sepphoris (heute Zippori)[49], orientierten sich an griechisch-römischer Kultur. Als Herodes Antipas das im Krieg des Varus beschädigte Sepphoris renovieren ließ, entstanden eine Basilika (ein großes Verwaltungsgebäude, das zum Beispiel für Gerichtsverhandlungen und als Markthalle dienen konnte) und Wohnviertel mit dem typisch römischen rechtwinkligen Straßennetz. In den Ausgrabungen des antiken Sepphoris können Touristen ferner die Ruinen eines Theaters bewundern – einer Einrichtung, die Juden zur Zeit Jesu ablehnten. Allerdings übten in Sepphoris auch Juden städtische Verwaltungsfunktionen aus, wie Inschriften zeigen. Da finden sich griechische Amtsbezeichnungen, etwa der Schatzmeister, in hebräischer Schrift oder jüdische Namen in griechischer Schrift und versehen mit Titeln wie Marktaufseher. Im Jüdischen Krieg (66–74 n. Chr.) prägte Sepphoris Münzen mit der Aufschrift »Stadt des Friedens« und demonstrierte so seine proprömische Einstellung. Die Stadt wurde daher als einziger Ort in Galiläa von den Römern geschont, als sie die abtrünnige Provinz zurückeroberten.

Tiberias wurde 19/20 n. Chr. erst gegründet. Es sollte Herodes Antipas als neue Hauptstadt Galiläas dienen. Die Archäologie hat auch hier ein Theater gefunden, außerdem ein monumentales Stadttor. Bezeichnend sowohl für Sepphoris wie für Tiberias ist, daß die Häuserfassaden weiß getüncht waren, Freskenmalereien, Mosaiken und rote Dachziegel hatten; das gab es sonst in keinem anderen Ort Galiläas und zeigt, daß Antipas die beiden Städte gezielt nach römischen Vorbildern gestalten ließ. Der Geschichtsschreiber Flavius Josephus erzählt, Antipas habe Tiberias auf einem ehemaligen Friedhof erbaut, deshalb sei die Stadt für Juden unrein gewesen, und der Fürst habe sie nur mit Fremden und Gesindel besiedeln können. Dies scheint aber eine Verleumdung zu sein, da sich sonst kein Anhalt für die Behauptung findet und Tiberias später Sitz jüdischer Gelehrter wurde. Sie spiegelt aber offensichtlich die Aversion vieler Galiläer gegen die neugegründete Stadt wider. Im Jüdischen Krieg zerstörten denn auch Aufständische den Königspalast in Tiberias.

Der Sturm bricht los – Aufstand gegen die Römer

Um 66 n.Chr. entluden sich die Konflikte – die die Besatzungsmacht Rom nicht nur nicht gelöst, sondern durch unkluge Politik zum Teil noch verschärft hatte – in einem Aufstand, der ganz Palästina erschütterte. Damals kulminierten mehrere Konflikte. Es kam zu Steuerverweigerungen; das Defizit wollte der Statthalter Florus gewaltsam aus dem Tempelschatz begleichen; darauf entbrannten in Jerusalem die ersten Kämpfe. In Cäsarea am Meer eskalierte zwischen jüdischen und griechischen Einwohnern ein Streit um Bürgerrechte. In Jerusalem verweigerten antirömische Priester das damals übliche Opfer für den Kaiser, was einer Kriegserklärung gleichkam. Der Statthalter von Syrien, Cestius Gallus, wollte die Ordnung wiederherstellen, erlitt aber vor Jerusalem eine vernichtende Niederlage.

Galiläa an vorderster Front

Galiläa wurde zum Vorposten des jüdischen Widerstands und zur Zuflucht jener Juden, die sich vor den bald einsetzenden Pogromen in den mehrheitlich heidnischen Städten retten konnten. In Galiläa scharten mehrere Aufstandsführer Bewaffnete um sich und konkurrierten auch gegeneinander um Einfluß. Unter ihnen war auch der spätere Geschichtsschreiber Josephus, der damals von der Jerusalemer Revolutionsregierung nach Galiläa entsandt worden war. Sein schärfster Widersacher war der adelige Johannes von Gischala, der über eine schlagkräftige Anhängerschaft verfügte und bald auch in Jerusalem zur ersten Riege der Aufständischen gehören sollte.

Galiläa bildete dann den ersten Kampfschauplatz, als die Römer von Syrien aus die rebellische Provinz Stück für Stück wieder unterwarfen. Der von Kaiser Nero neu eingesetzte Kommandeur Vespasian verfolgte eine Taktik der verbrannten Erde, zerstörte rücksichtslos eroberte Städte, Orte und Festungen und ließ Tausende von Galiläern, Männer, Frauen und Kinder, niedermetzeln oder versklaven.

Dann kam dem erfolgreichen Feldzug der römische Bürgerkrieg mit dem Vierkaiserjahr (68–69 n. Chr.) dazwischen; aus ihm ging Vespasian als neuer Kaiser hervor. Sein Sohn Titus – später auch Kaiser – übernahm die Belagerung Jerusalems. Die inneren Kämpfe der jüdischen Aufstandsgruppen erleichterten ihm die Arbeit; einer der drei miteinander rivalisierenden Anführer war

Johannes von Gischala, der aus dem eroberten Galiläa in die Hauptstadt geflohen war und mit seinen Gefolgsleuten – hier »die Galiläer« genannt – die Macht an sich riß. 70 n. Chr. eroberten die Römer Jerusalem und legten die heilige Stadt und den Tempel in Schutt und Asche. Einige Festungen hielten sich noch über das Kriegsende hinaus, als letzte fiel Masada am Toten Meer erst 74 n. Chr.

Bewaffneter Aufstand ist des Teufels

In der aufgeheizten Atmosphäre der Vorkriegszeit lebten die Christen der Logienquelle. Und ihre Missionare zogen durch Galiläa, verkündigten Jesus als den, der bald wiederkommen werde, die Welt zu richten, und boten – so ihr Verständnis – Israel die letzte Möglichkeit zur Umkehr an.

Dieser Jesus, an den die Christen der Logienquelle glaubten, lehnte die religiös besetzte Hoffnung auf eine politische Wiedergeburt Israels ab. In der dritten und letzten und dadurch besonders hervorgehobenen Versuchung Jesu in der Wüste stellt die Logienquelle dies erzählerisch dar:

»*Und der Teufel nahm ihn mit auf einen sehr hohen Berg und zeigte ihm alle Königreiche der Welt und ihre Pracht, und er sagte ihm: ›Das alles werde ich dir geben, wenn du mich anbetest.‹ Und Jesus antwortete und sagte ihm: ›Es steht geschrieben: Den Herrn, deinen Gott, sollst du anbeten und ihm allein dienen.‹*« (Mt 4,8–10/Lk 4,5–8)

Der verständliche Wunsch, gegen die römische Weltmacht den Spieß mit Hilfe des Messias umzudrehen, ist für die Logienquelle des Teufels. Der

Versuch, das Reich Gottes mit Feuer und Schwert zu erzwingen – heute würden wir vielleicht sagen: herbeizubomben –, ist nicht im Sinne Jesu.

Liebt die Feinde!

Die Verkündigung Jesu enthält dementsprechend in Q an zentraler Stelle die Aufforderung, die Mechanismen von Haß und Gewalt wenigstens einseitig außer Kraft zu setzen. Die Spitzensätze, mit denen die Bergpredigt Jesu heutzutage geradezu gleichgesetzt wird, stammen aus Q:

»Liebt eure Feinde, und betet für die, die euch verfolgen, damit ihr Söhne eures Vaters werdet, denn er läßt seine Sonne aufgehen über Schlechte und Gute, und er läßt regnen über Gerechte und Ungerechte. Dem, der dich auf die Wange schlägt, dem halte auch die andere hin, und dem, der dich vor Gericht bringen und dir dein Untergewand wegnehmen will, dem laß auch das Obergewand. Dem, der dich bittet, gib; und von dem, der sich leiht, fordere das Deine nicht zurück. Und wie ihr wollt, daß euch die Menschen tun, so tut ihr ihnen. Wenn ihr die liebt, die euch lieben, welchen Lohn habt ihr? Tun dasselbe nicht auch die Zöllner? Und wenn ihr denen leiht, von denen ihr hofft, es zurückzubekommen, welchen Lohn habt ihr? Tun dasselbe nicht auch die Heiden? Seid barmherzig, wie euer Vater barmherzig ist.« (Mt 5,38–48; 7,12; Lk 6,27–36)

Damit vertritt die Logienquelle sozusagen die alternative Programmatik zum jüdischen Widerstand. Der behauptete: Wer sich nicht wehrt, lebt – auch in den Augen Gottes – verkehrt. Q dagegen sagt: Wer den Feind liebt, ist erst so recht Gottes Ebenbild.

Daher waren die Missionare, die in der Logienquelle die Regeln ihres Auftretens fanden, ganz betont mit einer Friedensbotschaft unterwegs:

»In welches Haus ihr auch geht, sagt zuerst: ›Friede diesem Haus!‹ Und wenn dort ein Sohn des Friedens ist, soll euer Frieden auf ihn kommen; wenn aber nicht, soll euer Frieden zu euch zurückkehren. Bleibt in diesem Haus, eßt und trinkt, was sie euch geben, denn der Arbeiter ist seines Lohnes wert. Wechselt nicht von Haus zu Haus. Und wenn ihr in eine Stadt hineingeht, und sie nehmen euch auf, eßt, was euch vorgesetzt wird.« (Mt 10,7–8.11–13/Lk 10,5–8)

Dieser Botschaft sollte das Erscheinungsbild der wandernden Missionare entsprechen: friedlich bis zur Schutzlosigkeit und unversorgt bis zum völligen Angewiesensein auf das Wohlwollen anderer Menschen.

Für den Frieden auch im Angesicht des Todes

Im Angesicht des drohenden Krieges und der ihm vorangehenden Unruhen war die Friedensbotschaft der Logienquelle nicht nur Provokation und Herausforderung. So drastisch zum Ausdruck gebracht wie von den wandernden Verkündigern war sie lebensgefährlich. Und die radikale Kritik an der herrschenden Gesellschaftsordnung machte die Aufgabe der Missionare nicht bequemer.

Ganz bewußt verscherzten sie es sich mit beiden Seiten: mit der prorömischen Oberschicht und mit den militanten jüdischen Widerständlern. Es ist daher alles andere als nur symbolisch gemeint, wenn die Nachfolge Jesu, wie wir bereits gesehen haben[50], erfordert, sein Kreuz auf sich zu nehmen und sein Leben zu riskieren. Darauf geht die Logienquelle auch dadurch ein, daß sie im Munde Jesu Mut macht:

»*Fürchtet euch nicht vor denen, die den Leib töten, die Seele aber nicht töten können. Fürchtet aber den, der Seele und Leib in der Hölle vernichten kann.*« (Mt 10,28/Lk 12,4–5)

»*Wenn sie euch vor die Synagogengerichte führen, sorgt euch nicht, wie und was ihr sagen sollt; denn der heilige Geist wird euch in jener Stunde lehren, was ihr sagen sollt.*« (Mt 10,17–19/Lk 12,11–12)

»*Wer sein Leben erlangen will, wird es verlieren, und wer sein Leben meinetwegen verliert, wird es erlangen.*« (Mt 10,39/Lk 17,33)

Daß denen, die angegriffen zu ihrer Überzeugung tapfer stehen, ein positives Urteil des Weltenrichters zugesagt wird, haben wir bereits gelesen.[51] Ihnen gilt sogar eine eigene Seligpreisung:

»*Selig seid ihr, wenn sie euch schmähen und verfolgen und alles mögliche Schlechte gegen euch sagen wegen des Menschensohnes. Freut euch und jubelt, denn euer Lohn im Himmel ist groß; denn so verfolgten sie die Propheten vor euch.*« (Mt 5,11–12/Lk 6,22–23)

Wir kommen anstelle des Herrn

Die Seligpreisung zeigt zugleich das Selbstverständnis der wandernden Missionare. Sie sahen sich als Propheten – wie Jesus selbst. Sein Wirken setzten sie fort, seine Botschaft trugen sie weiter:

»*Wer euch aufnimmt, nimmt mich auf, und wer mich aufnimmt, nimmt den auf, der mich gesandt hat.*« (Mt 10,40/Lk 10,16)

Das Jesus-Wort, das fast anmutet, als stamme es aus dem Johannesevangelium, zeigt, wie eng die Identifikation der Wandermissionare – der Spruch folgt fast unmittelbar auf die Regeln für deren Ausrüstung und Verhalten – mit Jesus war. Das beinhaltet eine hohe Verantwortung, in welcher sich die Missionare sahen, und diese betraf gerade die Verpflichtung, Jesu Botschaft zuverlässig zu bewahren und weiterzutragen. Da sie dann auch zum Motiv wurde, Jesu Worte niederzuschreiben, dürfen wir mit Recht der Logienquelle eine große Nähe zu Jesus zubilligen.

Die Forderungen gelten allen Christen

Die radikalen Forderungen der Logienquelle richteten sich aber nicht nur an die Missionare, sondern an alle Christen. Sie behielten daher auch ihre Anziehungskraft, als galiläische Christen nach Syrien auswanderten und sich dort eher seßhaften Gemeinden anschlossen. Sie fanden Widerhall auch bei diesen Christen, wie sich ja gerade darin zeigt, daß Matthäus und Lukas diese Forderungen übernahmen und sich theologisch mit ihnen auseinandersetzten. Feindesliebe und Gewaltverzicht waren keine Sondermoral für jene, die schutzlos durch Galiläa zogen. Sie waren Teil des hohen Ethos, das Christen von Jesus übernommen haben. Es findet seinen Niederschlag noch in weiteren Weisungen:

»*Richtet nicht, dann werdet ihr nicht gerichtet; denn mit dem Urteil, mit dem ihr richtet, werdet ihr gerichtet werden, und mit dem Maß, mit dem ihr zumeßt, wird euch zugemessen werden.*« (Mt 7,1–2/Lk 6,37–38)

»*Wenn dein Bruder gegen dich sündigt, weise ihn zurecht, und wenn er umkehrt, vergib ihm! Und wenn er siebenmal am Tag gegen dich sündigt, sollst du auch siebenmal ihm vergeben.*« (Mt 18,15.21–22/Lk 17,3–4)

Auch in diesen hohen ethischen Anforderungen steckt eine Umwertung der Werte. Gesellschaftlich anerkannte Normen und gängige Verhaltensweisen sollen die Christen ablegen und durch Ideale ersetzen, die nach geläufigen Maßstäben als Schwächen anzusehen sind.

Zwist vorprogrammiert

Es nimmt nicht wunder, daß eine so radikale Botschaft, wie sie uns in der Logienquelle in mehrfacher Hinsicht begegnet ist, auf Ablehnung stößt. Wer sie für sich übernimmt, muß damit rechnen, selbst von engsten Angehörigen nicht mehr verstanden zu werden, so daß sie sich von ihm abwenden. Daher fordert die Logienquelle vom Christen die Konsequenz, für die Nachfolge Jesu selbst mit der eigenen Familie zu brechen:

»Wer seinen Vater und seine Mutter nicht haßt, kann nicht mein Jünger sein; und wer seinen Sohn und seine Tochter nicht haßt, kann nicht mein Jünger sein.« (Mt 10,37/Lk 14,26)

In dieser Hinsicht sagt Jesus laut Q:

»Meint ihr, daß ich gekommen bin, Frieden auf die Erde zu werfen? Ich bin nicht gekommen, Frieden zu bringen, sondern das Schwert. Denn ich bin gekommen zu entzweien: den Sohn gegen den Vater und die Tochter gegen ihre Mutter und die Schwiegertochter gegen ihre Schwiegermutter.« (Mt 10,34–36/Lk 12,51.53)

Jesu Botschaft, gerade wie Q sie überliefert, zwingt zur Entscheidung. Die hohe Moral der Logienquelle irritiert und provoziert. Ihre Radikalität und Konsequenz wirken anstößig. Die Christen, die sich damals mit dieser Botschaft auf den Weg begaben, machten sich nicht nur Freunde. Daß sich einige Texte von Q mit Verleumdung und Verfolgung auseinandersetzen, beruht nicht auf theoretischen Erwägungen, sondern zeugt von leidvollen Erfahrungen.

Die Logienquelle und das 21. Jahrhundert

Was sagt die Botschaft der Logienquelle nun aber Christen des 21. Jahrhunderts? Sicherlich muß manches als zeitgebunden verstanden werden. Aus dem Ausrüstungsverbot für die Wandermissionare kann für heute kaum gefolgert werden, Priester dürften kein Auto benutzen und Pastoralreferenten kein Gehalt beziehen. Allerdings könnte die

Ausrüstungsregel von Q Anlaß sein, darüber nachzudenken, welches äußere Auftreten kontraproduktiv für die Verkündigung des christlichen Glaubens sein könnte. Traten doch die Wandermissionare deshalb schutzlos auf, um ihrer Friedensbotschaft Glaubwürdigkeit und Nachdruck zu verleihen.

Die zeitbedingten Zuspitzungen enthalten aber auch grundsätzliche Optionen, die für Christen unaufgebbar sein sollten. Einsatz für den Frieden, Feindesliebe, Gewaltlosigkeit und Vergebungsbereitschaft gehören zweifelsohne dazu. Freilich traten die Christen der Logienquelle unter höchstem Risiko und aus der Position der Unterdrückten für diese Werte ein. Der angesichts des jüngsten Irak-Kriegs wiedererwachte rot-grüne Pazifismus in Deutschland etwa kann sich daher nicht so ohne weiteres auf Jesu Friedensbotschaft berufen. Wurde er doch aus innenpolitischen, wahltaktischen Gründen vom sicheren Sofa aus lanciert und profilierte sich bequem auf dem Rükken der Opfer von Saddams Regime.

Heilsame Antwort auf die Nöte der Zeit

In den Zumutungen der Logienquelle steckt darüber hinaus ganz grundsätzlich ein Anliegen, das für die Kirche leitend sein muß. Die Logienquelle suchte Antwort zu geben auf die drängenden Nöte ihrer Zeit, in diesem Fall krasse soziale Gegensätze und mit religiösen Rechtfertigungen geschürten Unfrieden. Christlicher Glaube kann seine Kraft nur entfalten, wenn Christen ihn unter ihren

Zeitumständen so auslegen, daß er zu den aktuellen Problemen Substantielles und Heilsames zu sagen hat. Wird der Glaube an Jesus Christus unter Absehung von der gesellschaftlichen Wirklichkeit verkündigt, verflüchtigt er sich, ist letztlich als biblische Botschaft nicht mehr zu erkennen.

Die moderne Gesellschaft erwartet von Religion, wenn sie überhaupt noch etwas erwartet, allenfalls die Funktion des Reparaturbetriebs. Die Kirche soll sich zum einen um die Menschen kümmern, die ihren Nutzen für die Gesellschaft verloren haben (Kranke, Alte, Arbeitslose), die nicht mithalten konnten und als Folge der gesellschaftlichen Verhältnisse persönliche Probleme bekommen haben. Christlicher Glaube soll zum anderen für den, dem er hilft, Tankstelle sein, an der er in der Freizeit seine Batterien aufladen kann, um dann im Alltag wieder problemlos zu funktionieren. Auch wenn es sich dadurch eine Nischenexistenz sichern und gesellschaftliche Duldung erkaufen könnte, darf Christentum diesen Erwartungen gerade nicht nachgeben, will es sich nicht selbst kastrieren und seine Identität verraten.

Nicht umsonst dringt die Logienquelle auf Konsequenz. Einen Kompromiß mit gesellschaftlichen Entwicklungen, die zum Willen Gottes erkennbar in Widerspruch stehen, kann es nicht geben. Das mag auf uns heute rigid, ja fundamentalistisch wirken. Diese Radikalität macht aber auch die Faszination der Logienquelle aus. Im Mainstream schwimmende Jesus-Worte hätten

Matthäus und Lukas kaum für nötig befunden, in ihre Evangelien einzubauen. Daß Angepaßtheit kaum attraktiv ist, wird heute oft übersehen. Gerade an religiöse Überzeugungen richtet sich im Gegenteil die Erwartung, daß sie anspruchsvoll sind – spirituell wie moralisch.

Schluß

In der Logienquelle ist uns ein Jesus entgegengetreten, der sowohl fremd wie faszinierend ist.

Dieser Jesus verkündet eine frohe Botschaft für die Armen, Gequälten und Geschundenen. Er steht für die Zuwendung und Fürsorge Gottes zu den Menschen, die in der Gesellschaft nicht mithalten können, unter die Räder gekommen sind oder mit Mühe und Not über die Runden kommen. Er verkündet ein Evangelium für die – um einen modernen Begriff für ein schon antikes Phänomen zu benutzen – Fortschrittsverlierer. Jesus spricht von Gottes Herrschaft im Blick auf die sozialen Verhältnisse seiner Zeit. Glasklar benennt er die Ursache für die Ungerechtigkeit, unter der breite Schichten zu leiden hatten, indem er eine kompromißlose Alternative formuliert: Gott oder der Mammon – es kann nur einen geben. Wer sein Leben am Besitz und an der Logik der Geldwirtschaft ausrichtet, hat sein Heil verspielt. Damit setzt Jesus die Regeln der zeitgenössischen Gesellschaft außer Kraft und reklamiert als Willen Gottes Ideale, die zu den gängigen »Werten« in Widerspruch stehen: Vergebung, Barmherzigkeit, Verzicht auf Vorrechte, auf das Urteil über Mitmenschen und auf die Sorge um das Materielle.

Nicht weniger radikal tritt Jesus für den Frieden ein. Von seinen Jüngern fordert er, daß sie die Feinde lieben und auf Gewalt, auch auf berechtigte Gegenwehr verzichten. Die Christen der Logienquelle haben dies konsequent umgesetzt. Ihre »Missionare« verzichteten selbst auf den Stock als primitiven Selbstschutz. Aber auch ihre Friedensbotschaft zwingt zur Entscheidung.

»Wenn ihr aber in ein Haus hineingeht, sagt als erstes: ›Friede diesem Haus!‹ Und wenn dort ein Sohn des Friedens ist, soll euer Friede zu ihm kommen; wenn aber nicht, soll euer Friede zu euch zurückkehren. (...) Wenn ihr aber in eine Stadt hineingeht, und sie nehmen euch nicht auf, geht weg aus jener Stadt und schüttelt den Staub eurer Füße ab. Ich sage euch: Sodom wird es an jenem Tag erträglicher ergehen als jener Stadt.« (Mt 10,12–15/Lk 10,5–6.10–12)

Der hohe ethische Anspruch fordert heraus. Er reizt zur Identifikation und zwingt zugleich schonungslos zur Gewissenserforschung. Es bedarf nicht langer Erklärungen, damit man die Aktualität der Forderungen und der Kritik Jesu spürt. Zugleich irritiert heute, wie Jesu Weisungen mit scharfen Warnungen verbunden sind. Es verstört uns, daß denen, die den Forderungen nicht nachkommen, gnadenlos das Gericht und ewige Verdammnis angedroht werden. Darin sind Jesus und die Logienquelle Kinder einer fernen, fremden Welt. Uns bleibt nur, den Ernst wahrzunehmen, der sich in dieser düsteren Seite der »frohen« Botschaft Jesu ausdrückt.

Wissen wir nun – nach unserem Durchgang durch die Logienquelle –, was Jesus wirklich sagte? Ja und nein. In Q finden wir zweifellos die originäre Lehre Jesu bewahrt. Der Jesus der Logienquelle ist freilich nicht der ganze Jesus. Wir haben gesehen, welche wichtigen Aspekte des Wirkens Jesu in Q fehlen oder nur unterschwellig angesprochen sind – vor allem Jesu Leiden und Tod und die Ostererfahrung der Jünger. Wie Matthäus und Lukas ihre Evangelien komponierten, indem sie Logienquelle und Markusevangelium zusammenfügten, so müssen auch wir die Logienquelle durch zusätzliche Nachrichten über Jesus ergänzen. Die Logienquelle ist aber ein interessanter Zugang zu Jesus, ein Zugang, der sich heutigen Erwartungen zumindest eher anbietet als vielleicht andere Texte des Neuen Testaments, auch wenn Q dann manche Erwartung nicht erfüllt und manches Vorurteil enttäuscht. Dennoch: In der Logienquelle begegnet uns ein lebendiger Jesus. Er ist noch nicht zum Denkmal erstarrt, Q atmet die Vitalität des wandernden Lehrers, der durch Galiläa zog und mit seiner Sprache und Botschaft die einfachen Leute ansprach.

Wenigstens einen Aha-Effekt wird selbst der skeptischste Leser zugestehen müssen: Aus den vertrauten Texten des Matthäus- und Lukasevangeliums muß der Wortlaut der Logienquelle erst rekonstruiert werden: ein zunächst unbekannter, neuer, frischer Text. Er ermöglicht, manches Jesus-Wort neu zu lesen und zu bedenken.

Stammb

(fett sind die Personen g

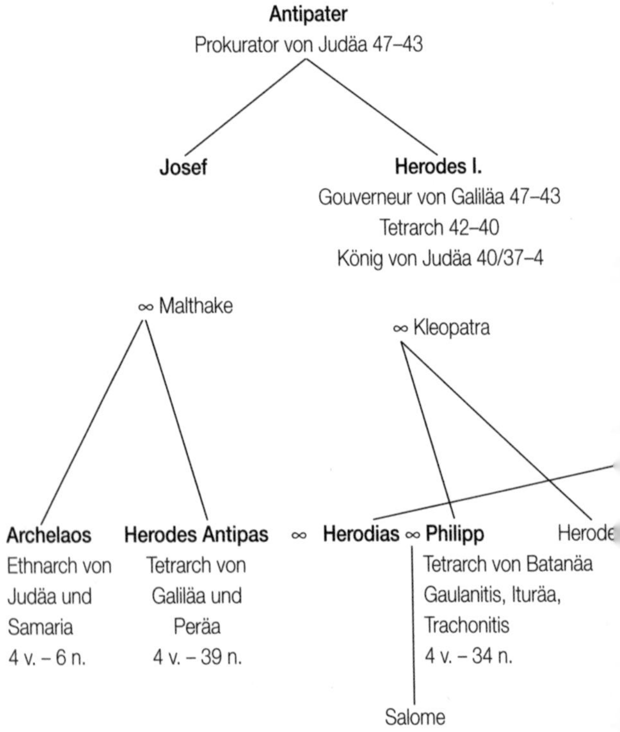

ɔdianer

Text eine Rolle spielen)

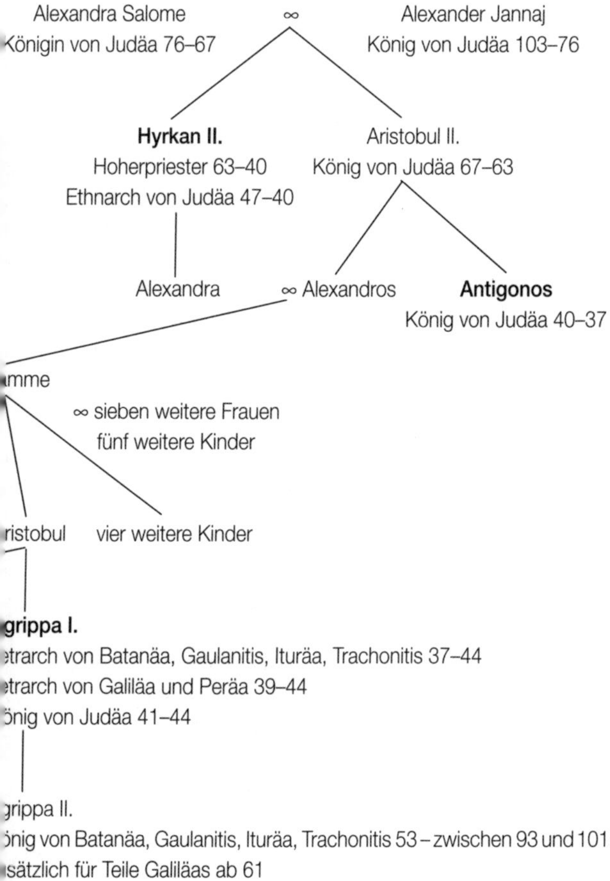

Anmerkungen

1 Dem ältesten Evangelium auf der Spur. Internationale Wissenschaftler-Gruppe rekonstruiert Logienquelle, in: Katholische Nachrichten-Agentur Bayerischer Dienst, 1. Februar 1997, S. 8 f.; nachgedruckt unter dem Titel: Was Jesus wörtlich sagte. Dem ältesten Evangelium auf der Spur: Wissenschaftlergruppe rekonstruiert die »Logienquelle«, in: Publik-Forum, Nr. 5/1997, 14. März 1997, S. 64; Was hat Jesus wirklich gesagt? Bamberger Bibelforscher rekonstruieren zur Zeit die von Matthäus und Lukas benutzte »Logienquelle«, in: Nürnberger Zeitung, 31. Mai 1997. Am Wochenende S. 9; längere Fassung: Dem ältesten Evangelium auf der Spur. Wissenschaftler der Universität Bamberg rekonstruieren eine Vorlage der Evangelisten Matthäus und Lukas: die Logienquelle, in: Anzeiger für die Seelsorge 106 (1997), S. 576 und 578.

2 Bibel und Kirche 54 (1999), Heft 2.

3 Jesus im Qriginalton? Quelle »Q« – die Schrift vor den Evangelien, Folge 1: Nahe am historischen Jesus, in: Katholisches Sonntagsblatt. Kirchenzeitung für die Diözese Rottenburg-Stuttgart, 24. Oktober 1999, S. 8 f., Folge 2: Prophet und Richter der Welt, in: ebd., 31. Oktober 1999, S. 24 f., Folge 3: Die Spreu vom Weizen trennen, in: ebd., 7. November 1999, S. 22 f., Folge 4: Wie Schafe unter Wölfen, in: ebd., S. 18 f. Nachgedruckt in: Heinrichsblatt. Kirchenzeitung für das Erzbistum Bamberg, 28. November 1999, S. 12 f.; 5. Dezember 1999, S. 12 f.; 12. Dezember 1999, S. 12 f. und 19. Dezember 1999, S.46 f. und gekürzt unter dem Titel: Die Schrift vor den Evangelien, in: Kompass. Soldat in Welt und Kirche, 10. März 2000, S. 4 f.;

24. März 2000, S. 4 f.; 28. April 2000, S. 4 f. und 12. Mai 2000, S. 4 f.

4 Die Evangelien werden im Folgenden abgekürzt: Mk = Markusevangelium, Mt = Matthäusevangelium, Lk = Lukasevangelium. Die Übersetzungen der Bibeltexte ins Deutsche orientieren sich an verschiedenen modernen Übertragungen; ich habe versucht jeweils die zu wählen, die mir am treffendsten schien. Die Übersetzung der rekonstruierten Logienquelle folgt der Studienausgabe von Paul Hoffmann und Christoph Heil, gelegentlich der für die Zeitschrift »Bibel und Kirche« angefertigten von Thomas Hieke (zu den genauen bibliographischen Angaben s. u. Anm. 23).

5 Zum folgenden vgl. Gerhard Theißen/Annette Merz: Der historische Jesus, Göttingen 1996, S. 21–30; Franz-Josef Ortkemper: Was können wir von Jesus wissen?, in: Bibel heute 36 (2000), S. 20–22.

6 Sie steckt zum Beispiel auch in dem bekannten Buch »Jesus Menschensohn« von Rudolf Augstein (Hamburg 1999; Taschenbuchausgabe, 3. Auflage 2003); vgl. sein Resümee: »Der Mensch bleibt im wuchernden Dickicht alter Verse unentdeckt. Es führt kein analytischer Weg, keine erkennbare Verbindung von irgendeinem ›historischen‹ Verkündiger Jesus zu dem verkündigten Jesus des Glaubens. (...) Wenn wir nicht glauben, Jesus selbst habe beabsichtigt, sein Leben hinzugeben ›als Lösegeld für viele‹ (*Mk – Ergänzung des Verf.* – 10,45), so behalten wir nur noch eine Kultlegende der ersten Christen zurück.«

7 Vgl. unten S. 22 f..

8 1. Auflage 1906; stark erweitert 1913.

9 Eine süffisante Abrechnung mit solchen Schriften hat Josef Dirnbeck: Die Jesusfälscher. Ein Original

wird entstellt, Augsburg 1994, geschrieben; vgl. auch Roman Heiligenthal: Der verfälschte Jesus. Eine Kritik moderner Jesusbilder, Darmstadt 1997.

[10] Vgl. unten S. 65–67.

[11] Zur Zweiquellentheorie, der Logienquelle und der Forschungsgeschichte vgl. Ulrich Bauer: Das synoptische Problem und die Zweiquellentheorie, in: Bibel und Kirche 54 (1999), S. 54–62.

[12] Nach Alfons Weiser: Theologie des Neuen Testaments. II: Die Theologie der Evangelien, Stuttgart u.a. 1993, S. 22 f.

[13] Vgl. zum Folgenden die Einleitung von Beate Batz in: Neutestamentliche Apokryphen in deutscher Übersetzung, hg. von Wilhelm Schneemelcher, I. Band: Evangelien, Tübingen 1990, S. 93–97; Gerd Theißen/Annette Merz: Der historische Jesus, Göttingen 1996, S. 51–55; Philipp Vielhauer: Geschichte der urchristlichen Literatur, Berlin und New York 1981, S. 618–635.

[14] Deutsche Übersetzungen bieten: Neutestamentliche Apokryphen in deutscher Übersetzung, hg. von Wilhelm Schneemelcher, I. Band: Evangelien, Tübingen 1990, S. 98–113; Das Neue Testament und frühchristliche Schriften, übersetzt und kommentiert von Klaus Berger und Christiane Nord, Frankfurt/M. und Leipzig 1999, S. 646–667.

[15] Christoph Heil: Die Q-Rekonstruktion des Internationalen Q-Projekts: Einführung in Methodik und Resultate, in: Novum Testamentum 43 (2001), S. 128–143.

[16] Deutsche Übersetzung in Neutestamentliche Apokryphen in deutscher Übersetzung, hg. von Wilhelm Schneemelcher, I. Band: Evangelien, Tübingen 1990, S. 98–100, 103–106.

[17] Übersetzung aus: Das Neue Testament und früh-

christliche Schriften, übersetzt und kommentiert von Klaus Berger und Christiane Nord, Frankfurt/M. und Leipzig 1999, S. 647 f.

18 Übersetzung nach: Neutestamentliche Apokryphen in deutscher Übersetzung, hg. von Wilhelm Schneemelcher, I. Band: Evangelien, Tübingen 1990, S. 112.

19 Klaus Berger: Wer war Jesus wirklich?, Stuttgart 1995, S. 154–157.

20 James M. Robinson: Pap. Q, Claremont 1985.

21 S. hierzu Christoph Heil: Das Internationale Q-Projekt, in: Bibel und Kirche 54 (1999), S. XXIII; ders.: Die Q-Rekonstruktion des Internationalen Q-Projekts: Einführung in Methodik und Resultate, in: Novum Testamentum 43 (2001), S. 128-143; James M. Robinson: History of Q Research, in: The Critical Edition of Q. Synopsis including the Gospels of Matthew and Luke, Mark and Thomas with English, German, and French Translations of Q and Thomas, edited by James M. Robinson, Paul Hoffmann and John S. Kloppenborg, Leuven 2000, S. XIX–LXXI, hier LXVI–LXXI.

22 The Critical Edition of Q. Synopsis including the Gospels of Matthew and Luke, Mark and Thomas with English, German, and French Translations of Q and Thomas, edited by James M. Robinson, Paul Hoffmann and John S. Kloppenborg, Leuven 2000.

23 Die Spruchquelle Q. Studienausgabe Griechisch und Deutsch, herausgegeben und eingeleitet von Paul Hoffmann und Christoph Heil, Darmstadt und Leuven 2002. Zwei allgemeinverständlich angelegte deutsche Übersetzungen der Rekonstruktion, die das Internationale Q-Projekt als Critical Edition of Q veröffentlicht hat, erschienen vorab: Christoph Heil/Thomas Hieke: Der vom Internationalen Q-Projekt rekonstruierte Q-Text. Eine Werkstattüber-

setzung, in: Wenn drei das gleiche sagen – Studien zu den ersten drei Evangelien, herausgegeben von Stefan H. Brandenburger und Thomas Hieke, Münster 1998, S. 103–120; Thomas Hieke: Die Logienquelle. Eine Übersetzung auf der Basis des Internationalen Q-Projekts, in: Bibel und Kirche 54 (1999), S. I–XXII.

[24] Documenta Q. Reconstructions of Q Through Two Centuries of Gospel Research. Excerpted, Sorted and Evaluated, General Editors: James M. Robinson, Paul Hoffmann, John S. Kloppenborg, Joseph Verheyden, The Database of the International Q-Project, Leuven 1996 ff. Sieben Bände waren 2002 bereits erschienen. Vgl. dazu die Besprechung von Marco Frenschkowski: Documenta Q: Sichtung der Forschungsgeschichte, in: Bibel und Kirche 54 (1999), S. XXIV.

[25] Zu den Mysterienkulten vgl. Hans-Josef Klauck: Die religiöse Umwelt des Urchristentums I, Stuttgart u.a. 1995, S. 77–128.

[26] Vgl. Die Spruchquelle Q. Studienausgabe Griechisch und Deutsch, herausgegeben und eingeleitet von Paul Hoffmann und Christoph Heil, Darmstadt und Leuven 2002, S. 21 f.

[27] Die Spruchquelle Q. Studienausgabe Griechisch und Deutsch, herausgegeben und eingeleitet von Paul Hoffmann und Christoph Heil, Darmstadt und Leuven 2002, S. 14 f. Er beruft sich dabei auf Paul Hoffmann: Mutmaßungen über Q. Zum Problem der literarischen Genese von Q, in: The Sayings Source Q and the Historical Jesus, edited by A. Lindemann, Leuven u.a. 2001, S. 255–288.

[28] Vgl. Christoph Heil: Was ist »Nachfolge Jesu«? Antworten von Q, Matthäus, Lukas – und Jesus, in: Bibel und Kirche 54 (1999), S. 80–84.

29 Vgl. dazu Dieter Zeller: Kommentar zur Logienquelle, Stuttgart 1984, S. 62–64.

30 Vgl. dazu als ein Beispiel: Johannes Nollé: Die erste Münze des Kaisers Proculus: ein neues Bild von einem Usurpator, in: Antike Welt 33 (2002), S. 669–674.

31 Siehe dazu S. 41–43.

32 Siehe dazu S. 30–33.

33 Vgl. dazu Hermann Lichtenberger: Josephus über Johannes den Täufer, Jesus und Jakobus, in: Bibel und Kirche 53 (1998), S. 67–71; Steve Mason: Flavius Josephus und das Neue Testament, aus dem Amerikanischen von Manuel Vogel, Tübingen und Basel 2000, S. 245–259; Gerd Theißen/Annette Merz: Der historische Jesus. Ein Lehrbuch, Göttingen 1996, S. 74–82.

34 Grundlegende Informationen über Josephus bieten das Heft »Flavius Josephus« von Bibel und Kirche 53 (1998) und Steve Mason: Flavius Josephus und das Neue Testament, aus dem Amerikanischen von Manuel Vogel, Tübingen und Basel 2000. Die besten Textausgaben bieten: Flavius Josephus: De Bello Judaico – Der Jüdische Krieg. Griechisch und Deutsch, 3 Bände, herausgegeben von Otto Michel und Otto Bauernfeind, Darmstadt: Wissenschaftliche Buchgesellschaft 1963–1969; Flavius Josephus: Aus meinem Leben (Vita), herausgegeben von Folker Siegert, Heinz Schreckenberg und Manuel Vogel, Tübingen 2001. Die Jüdischen Altertümer sind in Deutsch nur in einer sehr ungenügenden Übersetzung im Handel: Des Flavius Josephus Jüdische Altertümer, übersetzt von Heinrich Clementz, 1899, diverse Nachdrucke.

35 Zitiert nach Bibel und Kirche 53 (1998), S. 70.

36 Zu den Zeugnissen des Tacitus und des Sueton vgl. Martin Ebner: Nichtchristliche Quellen über Jesus,

in: Bibel heute 36 (2000), Heft 141 »Der historische Jesus«, S. 18–19.

37 Zitiert nach: Welt und Umwelt der Bibel 1998, Heft 10, S. 19.

38 Allerdings weist er Pilatus eine falsche Amtsbezeichnung zu. Pilatus war nicht »Prokurator«, sondern trug den Titel »Präfekt« – wie die in Cäsarea Maritima gefundene Pilatus-Inschrift beweist.

39 Gerd Theißen/Annette Merz: Der historische Jesus. Ein Lehrbuch, Göttingen 1996, S. 84–86 und S. 91.

40 Bei Pythagoras identifiziert er fälschlich den Philosophen mit dem Bildhauer gleichen Namens.

41 Vgl. dazu Thomas Schmeller: Die Radikalität der Logienquelle. Raben, Lilien und die Freiheit vom Sorgen (Q 12,22–32), in: Bibel und Kirche 54 (1999), S. 85–88.

42 Vgl. Jens Schröter: Die Logienquelle in der Geschichte des frühen Christentums, in: Bibel und Kirche 54 (1999), S. 70–74, hier S. 74.

43 Vgl. dazu Sandra Fortner: Bethsaida/Iulias in hellenistisch-römischer Zeit – Von der *komé* zur *pólis* des Philippus, in: Gabriele Fassbeck u.a. (Hrsg.): Leben am See Genezareth. Kulturgeschichtliche Entdeckungen in einer biblischen Region, Mainz 2003, S. 104–109; Heinz-Wolfgang Kuhn: Bethsaida und das Neue Testament, in: ebd., S. 164–167.

44 Vgl. Jürgen Zangenberg: Kapernaum – Zu Besuch in Jesu »eigener Stadt«, in: Gabriele Fassbeck u.a. (Hrsg.): Leben am See Genezareth. Kulturgeschichtliche Entdeckungen in einer biblischen Region, Mainz 2003, S. 99–103.

45 Vgl. oben S. 70 f. und unten S. 125.

46 Obwohl in der Forschung wiederholt angenommen, sind Judas der Sohn des Hiskia und Judas der Galiläer wohl nicht identisch.

[47] Die theologische Diskussion um die Frage der Steuer an Rom wurde auch an Jesus herangetragen und hat sich im Neuen Testament in der sogenannten Zinsgroschen-Perikope (Mt 22,15–22; Mk 12,13–17; Lk 20,20–26) niedergeschlagen. Dem Evangelisten Lukas ist sowohl Judas der Galiläer (Apg 5,37) als auch die Volkszählung (Lk 2,1–2; Apg 5,37) bekannt, allerdings ordnet er sie zeitlich (unter König Herodes) und sachlich (als Zählung im ganzen Römischen Reich) falsch ein.

[48] Vgl. zu ihnen Adolf Hoffmann/Susanne Kerner (Hrsg.): Gadara – Gerasa und die Dekapolis, Mainz 2002; Jürgen Zangenberg/Peter Busch: Hippos und Gadara – eine Hauch von Welt am See, in: Gabriele Faßbeck u.a. (Hrsg.): Leben am See Genezareth, Mainz 2003, S. 117–129.

[49] Zu ihnen vgl. John Dominic Crossan/Jonathan L. Reed: Jesus ausgraben. Zwischen den Steinen – hinter den Texten, Düsseldorf 2003, S. 81–91; Sandra Fortner: Tiberias – Eine Stadt zu Ehren des Kaisers, in: Gabriele Faßbeck u.a. (Hrsg.): Leben am See Genezareth, Mainz 2003, S. 86–92; James Strange: Die Stadt des Herodes Antipas: Sepphoris, in: Welt und Umwelt der Bibel 24 (2002), S. 22–25.

[50] Siehe oben S. 55.

[51] Siehe oben S. 59.

Die Lebenskunst der Klöster

Münsterschwarzacher Kleinschriften

1	Anselm Grün, **Gebet und Selbsterkenntnis**	1979/2002
2	Basilius Doppelfeld, **Der Weg zu seinem Zelt**	1979
3	F. Ruppert/A. Grün, **Christus im Bruder**	1979/2004
5	André Louf, **Demut und Gehorsam**	1979
6	Anselm Grün, **Der Umgang mit dem Bösen**	1980/2001
7	Anselm Grün, **Benedikt von Nursia**	1979/2004
11	Anselm Grün, **Der Anspruch des Schweigens**	1980/2003
13	A. Grün, **Lebensmitte als geistl. Aufgabe**	1980/2001
14	Basilius Doppelfeld, **Höre – nimm an – erfülle**	1981
15	Edgar Friedmann, **Mönche mitten in der Welt**	1981
17	F. Ruppert/A. Grün, **Bete und Arbeite**	1982/2003
18	Jean Lafrance, **Der Schrei des Gebetes**	1983
19	Anselm Grün, **Einreden**	1983/2001
22	Anselm Grün, **Auf dem Wege**	1983/2002
23	Anselm Grün, **Fasten**	1984/2001
25	Guido Kreppold, **Die Bibel als Heilungsbuch**	1985
26	A. Louf/M. Dufner, **Geistliche Vaterschaft**	1984
28	M. W. Schmidt, **Christus finden in den Menschen**	1985
29	Grün/Reepen, **Heilendes Kirchenjahr**	1985/2001
30	Durwell, **Eucharistie – das österl. Sakrament**	1985
31	Basilius Doppelfeld, **Mission**	1985
32	Anselm Grün, **Glauben als Umdeuten**	1986/2002
36	Anselm Grün, **Einswerden**	1986/2003
37	Brackenstein Comm., **Regel f. einen neuen Bruder**	1986/2002
39	Anselm Grün, **Dimensionen des Glaubens**	1987
41	Johanna Domek, **Gott führt uns hinaus ins Weite**	1987
44	Anselm Grün/Petra Reitz, **Marienfeste**	1987/2001
46	Anselm Grün/Michael Reepen, **Gebetsgebärden**	1988/2002
47	Emmanuela Kohlhaas, **Es singe das Leben**	1988
50	Anselm Grün, **Chorgebet und Kontemplation**	1988/2002
52	A. Grün, **Träume auf dem geistlichen Weg**	1989/2001
57	Grün/Dufner, **Gesundheit als geistliche Aufgabe**	1989/2001
58	Anselm Grün, **Ehelos – des Lebens wegen**	1989/2003
59	Dumitru Staniloae, **Gebet und Heiligkeit**	1990
60	Anselm Grün, **Gebet als Begegnung**	1990/2001
61	Basilius Doppelfeld, **Mission als Austausch**	1990
62	Abeln/Kner, **Kein Weg im Leben ist vergebens**	1990/2003
63	Faricy/Wicks, **Jesus betrachten**	1990

64	Anselm Grün, **Eucharistie und Selbstwerdung**	1990/2002
65	Basilius Doppelfeld, **Ein Gott aller Menschen**	1991
66	Abeln/Kner, **Wie werde ich fertig m. m. Alter?**	1992/2002
67	A. Grün, **Geistl. Begleitung b. d. Wüstenvätern**	1992/2002
68	Anselm Grün, **Tiefenpsych. Schriftauslegung**	1992/2002
69	Basilius Doppelfeld, **Symbole, Teil 1**	1993
71	Anselm Grün, **Bilder von Verwandlung**	1993/2001
73	Wunibald Müller, **Meine Seele weint**	1993/2001
74	McDonnell/Montague, **Die Flamme neu entfachen**	1993
75	Herbert Alphonso, **Die Persönliche Berufung**	1993/2002
76	Anselm Grün/Gerhard Riedl, **Mystik und Eros**	1993/2001
77	Gabriele Ziegler, **Der Weg zur Lebendigkeit**	1993
78	Basilius Doppelfeld, **Symbole, Teil 3**	1993
79	Fidelis Ruppert, **Der Abt als Mensch**	1993
80	Boniface Tiguila, **Afrikanische Weisheit**	1993
81	Anselm Grün, **Biblische Bilder von Erlösung**	1993/2001
82	A. Grün/M. Dufner, **Spiritualität von unten**	1994/2002
83	Basilius Doppelfeld, **Symbole, Teil 4**	1994
84	Mauritius Wilde, **Ich verstehe dich nicht!**	1994
85	R. Abeln/A. Kner, **Das Kreuz mit dem Kreuz**	1994
86	Fidelis Ruppert, **Mein Geliebter, die riesigen Berge**	1995
87	Basilius Doppelfeld, **Zeugnis und Dialog**	1995
88	Edgar Friedmann, **Die Bibel beten**	1995
89	W. Müller, **Gönne dich dir selbst** – Jetzt als Hardcover!	
90	Fidelis Ruppert, **Intimität mit Gott**	1995/2002
91	George F. Simons, **Religiöse Erfahrung, Teil 2**	1995
92	Anselm Grün, **Leben aus dem Tod**	1995/2001
93	Anselm Grün, **Treue auf dem Weg**	1995
94	Edgar Friedmann, **Ordensleben**	1995
95	Hermann M. Stenger, **Gestaltete Zeit**	1996
96	Basilius Doppelfeld, **Bleiben**	1996
97	Christian Schütz, **Mit den Sinnen glauben**	1996
98	Karin Johne, **Wortgebet und Schweigegebet**	1996
99	Anselm Grün, **Das Kreuz**	1996
100	A. Grün/A. Seuferling, **Schöpfungsspiritualität**	1996/2002
101	Basilius Doppelfeld, **Lassen**	1996
102	Anselm Grün, **Wege zur Freiheit**	1996/2003
103	Kreppold, **Krisen – Wendezeiten im Leben**	1997/2001
104	Irmgard u. Peter Abel, **Familienleben**	1997/2002
106	Anselm Grün, **Exerzitien für den Alltag**	1997/2001
107	Karl-Friedrich Wiggermann, **Das geistliche Wort**	1997

108	F. Ruppert/A. Stüfe, **Der Abt als Arzt ...**	1997
109	H. Nouwen, **Unser Heiliges Zentrum finden**	1998/2003
110	Georg Braulik, **Zivilisation der Liebe**	1998
111	Wunibald Müller, **Wenn du ein Herz hast ...**	1998
112	Kreppold, **Selbstverwirklich o. Selbstverleugnung?**	1998
113	Basilius Doppelfeld, **Erinnern**	1998
114	Anselm Grün, **Zerrissenheit**	1998/2001
115	Wiggermann, **Spiritualität und Melancholie**	1998
116	Reinhard Körner, **Was ist Inneres Beten?**	1999/2002
117	Christa Carina Kokol, **Wie bist du, Gott?**	1999
118	Gabriele Ziegler, **Sich selbst wahrnehmen ...**	1999
119	R. Abeln/A. Kner, **Sieh auf das, was vor dir liegt**	1999
120	Anselm Grün, **Vergib dir selbst**	1999/2001
121	D. Koller, **Trinitarisch glauben, beten, denken**	1999
122	Kreppold, **Träume – Hoffnung für das Leben**	1999/2001
123	Günther Biemer, **Glaubensbekenntnis**	2000
124	Basilius Doppelfeld, **Loslassen und neu anfangen**	2000/2002
125	Abeln/Kner, **Auf der Suche nach Geborgenheit**	2000
126	Pierre Stutz, **Licht in dunkelster Nacht**	2000/2001
127	Wunibald Müller, **Dein Herz lebe auf**	2000/2002
128	Anselm Grün, **Vom Schutz des Heiligen**	2001
129	Guido Kreppold, **Esoterik**	2001
130	Mauritius Wilde, **Der spirituelle Weg**	2001
131	J. Domek, **Metanoia – 12 Schritte a. d. Abhängigkeit**	2001
132	Alfred Läpple, **Der überraschende Gott**	2002
133	Johanna Domek, **Die Sehnsucht weiß mehr**	2002
134	Klaus-Stefan Krieger, **Gewalt in der Bibel**	2002
135	Hubert Luthe/Máire Hickey, **Selig bist du**	2002
136	Meinrad Dufner, **Schöpferisch sein**	2002
137	B. Ulsamer/M. Hell, **Wie hilft Familien-Stellen?**	2003
138	L. Kuld, **Compassion – Raus aus der Ego-Falle**	2003
139	Peter Abel, **Neuanfang in der Lebensmitte**	2003
140	Wunibald Müller, **Dein Weg aus der Angst**	2003
141	Klaus-Stefan Krieger, **Was sagte Jesus wirklich?**	2003
142	A. Grün/R. Robben, **Gescheitert? – Deine Chance!**	2003
143	Meinrad Dufner, **Rollenwechsel**	2004
144	Bertold Ulsamer, **Zum Helfen geboren**	2004

VIER-TÜRME-VERLAG

Telefon 09324/20-292 · Telefax 09324/20-495

Bestellmail: info@vier-tuerme.de / www.vier-tuerme.de

Klaus-Stefan Krieger

Gewalt in der Bibel

Eine Überprüfung unseres Gottesbildes

Münsterschwarzacher Keinschrift Band 134,
112 Seiten
ISBN 3-87868-634-X

Die Sprache der Bibel ist voller Gewalt.
Wie können wir mit dieser Tatsache umgehen,
wenn viele Texte nicht einfach ausgeklammert
und verdrängt werden sollen?
Klaus-Stefan Krieger schöpft aus seinem Wissen
um den historischen Kontext des Alten und
Neuen Testamentes und zeigt, welche Gottes-
bilder in ihnen zum Tragen kommen.

Anselm Grün

Kämpfen und Lieben

Wie Männer zu sich selbst finden

Gebunden, 118 Seiten
ISBN 387868-285-9

Anselm Grün betrachtet 18 Männer der Bibel aus seiner ganz persönlichen Sicht. Adam und Abraham, Johannes der Täufer und schließlich Jesus von Nazareth leuchten dabei in ihrer Männlichkeit auf – sie kämpfen und lieben, sie träumen und packen an.